想象欧洲丛书
Studies in European History

The French Revolution
Class War or Culture Clash?
Second Edition
T. C. W. Blanning

法国大革命

阶级战争抑或文化冲突

（第2版）

［英］T. C. W. 布兰宁 著　　梁赤民 刘 昊 译

北京大学出版社
PEKING UNIVERSITY PRESS

著作权合同登记号　图字：01-2009-2528
图书在版编目（CIP）数据

法国大革命：阶级战争抑或文化冲突：第 2 版 /（英）T. C. W. 布兰宁（T. C. W. Blanning）著；梁赤民，刘昊译 . 一北京：北京大学出版社，2020.9

（想象欧洲丛书）

ISBN 978-7-301-28075-1

Ⅰ. ①法…　Ⅱ. ①T…　②梁…　③刘…　Ⅲ. ①法国大革命—研究　Ⅳ. ① K565.41

中国版本图书馆 CIP 数据核字（2017）第 026330 号

书　　名　法国大革命：阶级战争抑或文化冲突（第 2 版）
　　　　　FAGUO DAGEMING：JIEJI ZHANZHENG YIHUO WENHUA CHONGTU（DI-ER BAN）
著作责任者　［英］T. C. W. 布兰宁（T. C. W. Blanning）著　梁赤民　刘昊　译
责 任 编 辑　张晓辉　张文华
标 准 书 号　ISBN 978-7-301-28075-1
出 版 发 行　北京大学出版社
地　　址　北京市海淀区成府路 205 号　100871
网　　址　http://www.pup.cn
新 浪 微 博　@ 北京大学出版社　@ 培文图书
电 子 信 箱　pw@pup.pku.edu.cn
电　　话　邮购部 010-62752015　发行部 010-62750672　编辑部 010-62750883
印 刷 者　天津光之彩印刷有限公司
经 销 者　新华书店
　　　　　787 毫米 ×1092 毫米　32 开本　5 印张　93 千字
　　　　　2020 年 9 月第 1 版　2020 年 9 月第 1 次印刷
定　　价　49.00 元

目　录

关于注释 …… iii

前　言 …… 1

第一章　起源：旧制度 …… 17

（一）经济增长与经济问题 …… 19

（二）社会冲突与社会联合 …… 25

（三）启蒙运动 …… 33

（四）公共领域与公共舆论 …… 42

第二章　影响：法国大革命 …… 77

（一）1786—1789年的危机 …… 79

（二）法国大革命与新秩序 …… 92

第三章　余波：拿破仑及其后的时代 …… 109

推荐书目 …… 124

索　引 …… 145

关于注释

引用文献的出处采用数字形式，标注在正文方括号 vi
内，与推荐书目中的编号对应。必要时，页码放在推荐书目编号之后，用冒号隔开。

前　言

已故的艾尔弗雷德·科班（Alfred Cobban）于 1954 1
年在伦敦大学学院（University College，London）发表了题为“法国大革命的神话”（The Myth of the French Revolution）的演讲。极少有就职演讲能和此次演讲一样，有如此持久的影响力。[145(b)]① 一场有关法国大革命的起源、性质和结果的争论由此开始，并一直主导着该主题著作的创作，尚未表现出任何过气的迹象。此类文献已经非常多，所以这本小册子只对该争论的现状加以概述，并给出如何进行延伸阅读的建议，以方便读者了解更多关于该概述的实质性内容。

经过数十年的激烈争论之后，各方的意见仍大相径庭。对科班所抨击的“神话”的支持者来说，旧的观点尽管已遭到所有修正主义批评的冲蚀，但仍像铜墙铁壁一样站得住脚。1983 年，一部关于大革命以后法国的通史问世，开篇即挑衅性地写道：“尽管法国、英国和美国的写作者最近试图重新解析法国大革命，但唯有遵循

① 该演讲的中文节译，见［法］乔治·勒费弗尔：《法国大革命的降临》，附录三，洪庆明译，格致出版社、上海人民出版社，2010 年，第 164—178 页。在该译本中，Alfred Cobban 译作阿尔弗雷德·科本。（本书脚注皆为译者注。）

法国伟大历史学家乔治·勒费弗尔（Georges Lefebvre）的传统的学者能做出言之有理且连贯一致的分析，而这些学者将法国大革命视作一场‘资产阶级革命’。”[180]该书所属的丛书中，还有一部1985年出版的论述大革命–拿破仑时期的著作，同样做出了大胆论断：“从过去二十多年的研究和富有思考的批评中可以得出，关于法国大革命起源的经典［马克思主义］观点是完全站不住脚的。”[12]这些论断以及其他大量类似断言的斩钉截铁——且不必说其尖刻凌厉——的态度都表明，各方的争论已然变成鸡同鸭讲。

如果连终身致力于研究这一段法国历史的学者都不能达成些许一致性意见，并且彼此视而不见，那些非专
2 业人士又如何有望弄清楚呢？正如我们将要看到的，这其实是一场所有人都能参加的游戏，因为“解决方案”与其说是基于客观事实，不如说是依赖对现代史进程、社会关系和人性等非确定性问题的预设。一个人的“主要洞见”结果成了另一个人的“陈词滥调”——反之亦然。

我们的切入点就是科班在其就职演说中所抨击的“神话”。他批评的对象可以界定为“马克思主义诠释”，尽管——正如我们后面将要看到的——这个现成的标签包含几层不同的意思。对它的最简明阐述可见于乔

治·勒费弗尔篇幅短小却意义深刻的《法国大革命的降临》(*The Coming of the French Revolution*)一书。[17] 他把法国大革命的根本原因归结于公众需求与经济现实之间日益增长的矛盾。在法律层面，旧制度被教士和贵族这两大阶级控制。正是他们占据着国家和社会的最高支配地位，并享有所有的威望。封建社会时期，土地几乎是财富的唯一形式，这为两大阶级的特权地位提供了牢固的经济基础；但到18世纪晚期，它却变成了落伍之物(anachronism)。因为到这时，工商业的发展催生了一个新兴的阶级，即资产阶级。随着自身人数、财富和自信的不断增加，资产阶级的失意感愈加尖锐，因为当时社会上层的排他性(“贵族的反动”)不断加剧，资产阶级不可能无限期地忍受自身的从属地位：“这样的断裂不会永久地持续下去。1789年大革命恢复了现实与法律之间的和谐一致。”[17]① 具有讽刺意味的是，恰恰是贵族于1787年用他们向君主专制政体发起的自杀式进攻，率先向旧制度刺入了攻城槌，打开了旧制度的缺口，资产阶级才能借此蜂拥而入。正如夏多布里昂(Chateaubriand)所评论的那样：“贵族发动了大革命，平民则完成了它。”②

---

① [法]乔治·勒费弗尔：《法国大革命的降临》，第2页。

② 同上。

换句话说，法国大革命代表了封建主义向资本主义过渡，继而向现代社会发展的决定性阶段。当然，欧洲每个国家都在某个阶段实现了这一转变。然而，法国的这一转变十分特别——马克思认为这是世界历史上最伟大的革命——因为整个过程十分迅速、猛烈且很圆满。这场革命如此激进，主要归功于两项相互关联的后续发
3 展。第一，特权阶层与其外国同盟发起了坚决维护旧制度的斗争，在国内以反对革命的形式展开，在国外以战争的形式展开。第二，本质上怯懦的资产阶级得到了来自城市大众和农民的关键性援助。如果资产阶级自行其是，法国大革命至迟在1791年就会结束。正是不断受到来自下层的压力，他们才得以全面摧毁封建主义。[26]

然而，尽管分属不同的社会组成部分，但革命者绝不是零散的独立个体，而是融合成了一个紧密相连的整体。像一出戏的每一幕或一部交响曲的每一乐章一样，农民的革命和城市的革命不可分割，同属于法国大革命这一个整体，而且只有在这种情况下它们才具有意义。正如勒费弗尔在巴黎大学①的后继者、法国大革命史教授阿尔贝·索布尔（Albert Soboul）所写："1789年并没

---

① 巴黎大学的前身为索邦（Sorbonne）神学院，由罗贝尔·德·索邦（Robert de Sorbon）于1253年创建。

有发生三次革命，而是只发生了一次革命。这是一场资产阶级和自由主义者在大众尤其是农民支持下发动的革命。”[25]尽管在主观上大众可能不时地呈现出反对资本主义的姿态，甚至会反抗资产阶级的领导，但客观上他们的参与推动了革命朝着它的目标——消灭封建主义——前进。

这一进程困难重重，绝非一蹴而就。资产阶级也曾宣称代表全人类，例如在1789年的《人权和公民权宣言》(Declaration of the Rights of Man and of the Citizen)中，他们就公开主张普遍且永恒的真理，但是实际上，他们的目的非常狭隘。他们总是易于向旧秩序妥协，总是设法阻挠大众对平等与民主的真切诉求；他们的革命辞令犹如一套华丽的外衣，随着时间的推移，他们赤裸裸的阶级利益便透过这套日益暴露的外衣展现出来，整个过程就像是一场意识形态的脱衣舞表演。1794年7月热月政变(*coup d'état* of Thermidor)爆发，救国委员会(Committee of Public Safety)的革命专政被推翻，这是该表演中的一个关键阶段。1799年倒向波拿巴将军(General Bonaparte)这样的军事救世主，则是其另一个关键阶段。结果证明，这两个解决办法都不持久。直到1830年七月革命(July Revolution)推翻最后一位波旁君主，法国资产阶级才“安全着陆”；到这时，他们总算不必再费心假装代表任何人，而只须代表他们自己就可以了。

4 修正主义者发起了一系列的进攻，反对索布尔所称的这一“经典的解释”。首先声明，不是所有的修正主义者都赞成下面需要浓墨重彩加以叙述的每个要点。从年代顺序上讲，他们攻击的第一个目标是18世纪社会和经济变化的本质。经济发展了，这是毋庸置疑的；经济的发展加剧了贵族和资产阶级之间的阶级冲突，这也是十分肯定的。然而，资本主义企业的扩张并非是资产阶级独有的成就；相反，许多最为进取的企业家是贵族。[52]事实证明，大多数资产阶级十分畏首畏尾，他们更喜欢将资本投入到土地、庄园、捐官和政府债券上。[39]低风险——且低回报——这样的投资可以为每一个资产阶级打开了实现其获得贵族地位梦想的通道。资产阶级绅士（*bourgeois gentilhomme*）根本不想同贵族做斗争，他们最殷切的愿望是成为贵族。这并不难实现，因为很多可获封贵族的官职可以进行买卖，所以任何有足够资金的人都能实现这一身份的转变。[49]结果，法国贵族的数量多得惊人，即使根据最保守估计，其数量（约25 000个家族）也是英国贵族（1790年有220个贵族）的100多倍。法国贵族绝不是一个日益封闭的阶级，而是一个开放的精英阶层——实际上，它的开放程度已经伤及自身了。所谓“贵族的反动”是一个神话。[33]

修正主义者也曾强调贵族和资产阶级的多样性。在两个群体内部，成员在财富、地位和观念上都十分不同，以致他们无法构成阶级。相反，两个群体的上层却依靠财富和才能联合在了一起，构成了一个单独的精英集团——“显贵”（the notables）。[36] 正如它的另一个标签即“启蒙精英”（*l'élite des lumières*）所表明的那样，这种联合在启蒙运动中找到了它的意识形态表达，而这种表达不是资产阶级的信念或产物，却很大程度上是自由派贵族的杰作。

如果旧制度的上层之间比较协调一致，那么，它当时为什么会垮台呢？答案就是18世纪80年代末碰巧发生了两次不同的危机。两次危机的发生不能排除外因，又确实相互影响，从这一角度来说，它们并非“不相关联”，但它们的本质又完全不同。[38] 第一次危机是政治 5
危机，由法国参与美国独立战争后君主政体的财政破产而引发。这次危机在1788年夏天导致了波旁王朝统治近乎崩溃，召开三级会议（Estates General）的决定也随之而来。第二次危机是经济危机，发生的最直接原因是1788年全国粮食的整体歉收，但更长远的原因是人口压力和始于18世纪70年代的经济衰退。[1] 正是1789年春夏的这两次危机合在一起，使得大量的不满情绪上升到极致，危机因此转变成了革命。

尽管大革命的支持者都发表了富有感染力的言辞，但随之而来的并不是贵族和资产阶级之间的阶级冲突，而是一场争夺权力的政治斗争。相对而言，三级会议上鲜有金融业、商业和工业资产阶级的代表：第三等级的代表绝大多数是地方官员和专业人士，尤其以律师居多。[145(b)] 此外，国民议会（National Assembly）——三级会议在 1789 年 6 月 17 日改称国民议会——的领导人都是贵族，这一点不仅仅局限于 1789 年，而是贯穿了法国大革命最具建设性的阶段。他们努力创建一个新法国，无疑是为适应资产阶级的需要而量体裁衣，但这套“衣服”对那些积极进取的富有贵族来说同样舒适合身。总之，这是一个由显贵为显贵创造的法国。

对他们未能实现这一目标——至少在短期内——有几种可能的解释，其中包括：三级会议的组建方式对贵族和平民进行了人为划分 [36]；民众出乎意料的干预促使资产阶级为求自保，将民众的愤怒转嫁到贵族身上 [30]；不论是贵族还是资产阶级，都暂时无法摆脱言辞上的束缚来顾及自身的真正利益 [151]；长期的经济困难导致社会像沸腾的锅炉一样动荡不安。最关键的原因或许是国王拒绝扮演显贵分配给他的角色，这反过来又使一群政治激进分子把法国带入了一场对外战争。[142，143]

这些解释相互之间并不矛盾。不论哪种解释更受推崇，都无法改变最终结果：大革命在1792年至1794年 6
“偏离了航向”。[6]罗盘疯狂地旋转，这一疾风骤雨式的动荡带来的是废除君主政体、处决国王和王后、抨击天主教教义、反革命、国内外战争、革命的专政和恐怖统治。但是，热月政变使得显贵重新掌控大权，而且这次是一劳永逸：政权形式可能一变再变，但他们却长久地安顿了下来。[177]

令人吃惊的是，虽然经历了大革命，但显贵统治下的法国在经济上几乎没有什么变化。旧制度的农业以小农经济为特征，农民耕种仅仅是为了维持生计；大革命后法国的农业和过去完全一样。旧制度的制造业也是以小作坊为特征，工匠从事此业仅仅是放眼于地方市场；大革命后法国的制造业也和过去完全一样。的确，大革命带来的变化是倒退，而不是进步。土地分配和继承法促进了农田细碎化，把农民留在了土地上。18世纪90年代，法国财政混乱，对英国技术的抵制及自身海外市场的丧失使得本国工业化进程放缓。拿破仑统治头十年的“发展”仅仅是恢复元气，并没有什么新进展。其中最具破坏性的莫过于海外贸易的崩溃和海外殖民地的丧失，这导致了大西洋沿岸港口的贫困以及港口腹地的去工业化。[146]威廉·多伊尔（William Doyle）评论说：

“从经济上讲，大革命对法国来说是一场灾难。”[57]

无疑，法国的确适时地经历了一个现代化过程，而这一过程在某些方面可以称为资产阶级的现代化过程——开创了全国性市场、城市化、工业化、大众文学等——但这一切并非大革命的遗产。真正毁灭旧制度的并不是大革命，而是半个多世纪以后建造的铁路网。[57, 184] 事实上，一位在法国农村研究领域颇具影响力的历史学家，曾将法国现代化转型的时间定在 19 世纪末期。[188]

认定法国大革命不是什么比认定它实际上是什么要容易得多。马克思主义者及其支持者对修正主义者的
7 批评做出回应，指出后者的理念十分消极的特性，这是不无道理的。如果大革命不是由僵化的旧制度和进步的生产力之间的紧张关系所引起的，那么，它是由什么引起的呢？如果大革命不是资产阶级战胜君主政体和贵族统治的标志，那么，它的意义是什么呢？在面对这些问题时，有些修正主义者保持了谨慎的沉默，而其他修正主义者提供的答案虽模棱两可但又差强人意，正如他们的批评言论既自信过人又充满不屑一样。因此，当弗朗索瓦·傅勒（François Furet）于 1978 年出版《思考法国大革命》（*Penser la Révolution française*）时，修

正主义史学向前迈进了一大步；两年后该书被翻译成英文，名为《解释法国大革命》（*Interpreting the French Revolution*）。[35] 尽管这部论文集对索布尔做了更猛烈的（且更有效的）抨击，但它也开创了另一种可行性解读——文化性解读，而非社会性解读——的先河。近几十年来，因受到攻克巴士底狱两百周年纪念和随之而来的会议与出版物激增的鼓舞（1988—1989 年，世界各地为纪念这一事件而召开的会议不少于 170 次），越来越多的学者开始效仿傅勒。这个后修正主义群体关注的是"政治文化"这一如今已老生常谈的概念。在傅勒本人、莫娜·奥祖夫（Mona Ozouf）、阿莱特·法尔热（Arlette Farge）、基思·迈克尔·贝克（Keith Michael Baker）、林恩·亨特（Lynn Hunt）、德娜·古德曼（Dena Goodman）、杰克·森瑟（Jack Censer）、杰里米·波普金（Jeremy Popkin）和琼·兰德斯（Joan Landes）——此处仅列举几个人——的领导下，该群体对旧制度和大革命做了大量研究；然而可叹的是，这些成果虽有其杰出性、独创性和复杂性，但并不总是同时具备相应的明晰性和说服力。人们有时甚至会怀疑这些修饰研究成果的华丽辞藻是否拥有同样有力的意义本身来支撑。

对马克思主义者来说，他们的思想堡垒坍塌已经很不幸，然而雪上加霜的是他们曾效忠的中心——苏联——也垮台了。正如我们将要看到的，有关法国大革命的许多作品的创作灵感都来源于为 1917 年革命寻找历史谱系的需要，因为有人认为 1917 年的俄国革命比法国大革命更加伟大。因此，一旦布尔什维克所创造的这个国家被揭露出不得人心、犯有罪行和软弱无能的一面，那就不需要把 1789 年“资产阶级革命”的证据硬塞进时代错误的范畴之中了。但是，将布尔什维主义埋进
8 “历史的垃圾堆”的送葬人，也将对法国大革命的资产阶级性质问题的争论一同埋葬了吗？这无疑曾是一些历史学家的定论，他们曾将其视为“一场陈旧的、不值得继续的争论”而予以忽略。[8] 但是，这种忽略没有将黑格尔所称的“历史的诡辩”考虑在内。1789 年并没有开创一个自由、平等和博爱的新纪元，同样，1989 年之后自由民主制依然未得到普遍接受，历史也并未在此停滞不前。相反，紧接而来的是犯罪、贫困、种族清洗、新法西斯主义和内战的浪潮。因此，尤其是在内在力量的驱动下，一种去布尔什维主义形式的马克思主义重新获得知识分子的信任只是一个时间问题。

再说，杀猫的方法尚且不止一种，那么将法国大革命认定为资产阶级革命的方法也不止一种。如果说修正主义者在近几十年间的争论中曾占得上风，那么现在的社会性解释只是处于休眠状态，而不是死亡状态，这一

点可以从它的肢体偶尔抽动中看出。[13, 16, 161] 幸运的是，对马克思主义者和其他以社会性角度寻找历史推动力的研究者来说，史学的进程不是辩证的，而是循环的。不久之后，属于他们的时代就会到来，而对旧制度的衰落和灭亡的文化性解释便会开始显得过于老套。因此，继续对法国大革命的社会特性进行分析和争论有着充分的理由，尤其因为它是一场能解决法国和欧洲历史根本性问题的争论，同时，它本身作为一场历史争论，其中的根本性问题也会从中得到解决。此外，这并不否定傅勒及其追随者极大提高了我们对这个时期的理解的事实。他们的论点应当受到重视，尤其是现在，这些论点已经臻于成熟。因此，本书接下来的内容会为我们勾勒出社会性解释的潮起潮落，并以友好但具批判性的眼光探讨“政治文化”倡导者所提供的其他解释上。

第一章

起源：旧制度

（一）经济增长与经济问题

阿尔贝·索布尔写道："法国大革命的根本原因是资产阶级的力量已达到成熟，并与顽固坚持自身特权的腐朽贵族产生冲突。"[23] 诞生于中世纪市场经济的萌芽时期，经过16世纪和17世纪海外地理大发现与殖民扩张的躁动青春期，法国资产阶级无疑于18世纪在数量和财富上都成长起来。更加适宜的气候条件、农业产量和人口的不断增加等这些相互关联的因素，都为经济的持续增长创造了必要的条件。

自然条件的优势在国家政策之下得到进一步增强。例如，在法国境内建立起欧洲最好的公路干线网，使得从巴黎到里昂（Lyon）的时间在18世纪缩短了一半，极大促进了国内市场的形成。通过摒弃行会的限制竞争协议，法国为资本主义企业家开拓了越来越多的市场机遇。建立在包出制（putting-out）基础之上的农村工业扩张迅速，其增长率可与英国农村工业相媲美，甚至在棉纺业也是如此。[54] 钢铁生产和煤炭开采也都创造了惊人的增长率。在欧洲每个豪华的住宅和博物馆里，巴黎奢侈品工业的国际霸主地位依旧清晰可见。

但是，在 18 世纪，法国经济真正成功的是它的海外贸易。在地中海地区，法国商人与黎凡特建立起一种
10 近乎垄断的贸易。1780 年的官方备忘录估计，这种贸易养活了 50 万至 60 万人，可见其利润之丰厚。但与雨后春笋般的殖民贸易相比，前者仍相形见绌。从大西洋的港口，尤其是波尔多（Bordeaux）、南特（Nantes）和勒阿弗尔－鲁昂（Le Havre-Rouen）出发，不断增加的商船航行在一条三角航线上，它们首先去非洲购入奴隶，然后送到加勒比海地区交换殖民地的产品，再以此来满足欧洲其他地区贪得无厌的欲望。从西班牙王位继承战争末期至法国大革命之前，法国的海外贸易总值至少是原来的 4 倍，也可能是 5 倍。[54] 即使考虑到物价上涨、关税降低和走私减少等因素，这个时期的海外贸易量依然翻了一番。此外，直到 1789 年，殖民贸易始终保持上升势头：在 1773 年，510 艘船离开法国的 11 个港口前往圣多明各（Santo Domingo，法国在加勒比海地区最重要的领地）、马提尼克岛（Martinique）、瓜德罗普（Guadeloupe）和圭亚那（Guyana）；而到 1788 年，船只的数量已增加到 686 艘。

但是，在这些令人印象深刻的量增背后，却几乎没有发生什么质变。旧制度下的法国存在着两种经济形

式——繁荣的、与其浅滩腹地一同日益发展的沿海地区，以及落后的、因循守旧的、分化为自给程度较高的地方市场的广大内陆地区。[57] 即使像殖民地再出口贸易这样极具吸引力的行业，也没有足够的能力带动经济中其他行业的自促增长（self-sustained growth）。

资金和企业难以从一个行业流向另一个行业，金融机构的原始特性是其主要障碍。出于某种从未得到充分解释的原因，诸如汇票、贴现甚至复式簿记这样的现代技术很晚才在法国出现。更容易解释但同时具有破坏性的原因是，约翰·劳（John Law）的银行于 1720 年突然倒闭，在这之后人们对银行产生挥之不去的反感。旧制度没有国家银行，没有独立于商业之外的私人银行，没有证券交易所，也几乎没有合资公司 [61]。

制造业在结构上也很落后。考虑到制造业的低基数，它的增长统计数据看上去也没有什么惊人之处。一旦仔细研究生产技术水平，法国工业质量的落后便会暴
露无遗。例如，截止到 1789 年，英国已经拥有 2 万多 11
架珍妮纺纱机、9 000 架新一代走锭纺纱机和 200 家使用阿克赖特式纺纱机的纺纱厂。相对而言，法国只有不到 1 000 架珍妮纺纱机、0 架走锭纺纱机和 8 家使用阿克赖特式纺纱机的纺纱厂。此外，法国的大多数机器都是在王室的赞助下制造的，而且仅仅是为了获取当时推

出的特殊津贴[70]。简言之，1789 年的法国经济与 1715 年的法国经济实质上是相同的——只不过是产量多了一些[54]。即使单纯在数量上，增势也未能一直维持下去。法国与英国、中欧［尤其是西里西亚（Silesia）和萨克森（Saxony）］的竞争日趋激烈，西班牙等老主顾对法国采取保护主义政策，以及 18 世纪 70 年代的法国国内经济开始衰退，所有这些结合在一起，将法国已经衰弱不堪的纺织业卷入大革命当中[48]。

鉴于大约 85% 的法国人居住在乡村，农业的落后状态就显得尤为重要。最权威的估计显示，法国总人口从 1700 年的大约 2 200 万人增长到 1789 年的大约 2 800 万人[58]。很显然，农业产量也必定有所增长。人们一度认为，产量大约增长了 60%——大约是人口增长率的 2 倍——但是近年很多估计（由于缺乏可靠的数据，这在很大程度上只是猜测）都认为，这一增长率要低得多[60]。而不管产量的增长率是高还是低，都主要归因于耕地面积的增加，归因于先前的荒地得到开垦，而不是生产率的提高。法国大部分农业仍无法摆脱“休耕地的恶性循环”（土地休耕 = 低生产率 = 可耕地所占比率高 = 牧场所占比率低 = 牲畜不足 = 肥料不足 = 需要休耕）。1760 年，农学家迪阿梅尔 · 迪 · 蒙索（Duhamel du Monceau）抱怨说：“这个王国近一半的土地处于休耕状态；另一半总的来说耕种得也非常差，如果进行合理开发，至少能得到两倍的收成。”[138]

任何一个拥有足够的知识、资金和进取心，试图通过引进新的作物和新的轮作方法，以打破这种恶性循环的土地所有者或耕种者都发现，自己的方法将遭遇两大难以克服的障碍。第一个障碍是集合地役权（*servitudes collectives*），即作为一个共同体来承担播种、耕作、收获和放牧的义务。而改革的进程必然会迁就最慢的成员的步伐，也就是裹足不前。政府为鼓励革新偶尔发起 12
的尝试也没掀起什么波澜[50]。另一个障碍——交通的不便——甚至更加严重，更加难以消除。在有铁路之前，运送粮食唯一划算的方法是走适航的水路，而法国内地的水路相当匮乏。据估计，粮食在陆路上运输超过15公里，其运输成本就耗尽了利润[184]。所以农作物只能采取较为浪费的混合栽培方式，不能专门种植那些最适合本地区土壤和气候的作物：例如，1789年，全国32个财政区（*généralités*）中只有3个不生产葡萄酒[184]。

在这种毫无前景的框架下，农业几乎没有机会也少有动力进入现代化，从而也难以开启以农业现代化为基础的工业化进程。这种农村停滞不前的情况不应被夸大。在西南部的一些地区，玉米的引进使农作物产量增加；在北部和东部，尤其是大城镇周围，引进了新的农作物，并取消了休耕[57]。尽管已是老生常谈，但我们仍应意识到，法国是一个由多种不同经济组成的集合体。然而，即使有上文提到的例外，法国农业与低地国家及英国的差距仍十分惊人。

就我们目前所关心的来讲，最重要的差别在于土地所有者的态度。尽管法国也存在进步的地主，他们意识到佃户富有就意味着地主富有，但农村收入的长期再投资率似乎一直很低[57]。由于市场机遇受限于前文讨论过的制约因素，人口压力又导致准佃户队伍持续壮大，所以地主增加额外收入的捷径便是把地分成更小块并提高租金[62]。

因此，在 18 世纪，法国的经济仍是传统经济占主导地位，而且，很难看清“资产阶级的力量”如何在这种经济中“达到成熟”。而在考虑资产阶级的实际愿望时，这一点甚至更加难以得到证实。因为吸引他们的，不是经济中的资本主义部分，而是本质上属于非资本主义形式的“产业主财富”（proprietary wealth）——土地、城市房产、捐官和政府债券。而这些财富中的第
13 一个，即土地，最为吸引人，部分原因是它给人以安全感，但主要原因是有地就代表着有声望。资产阶级花钱去购买只能带来 1%—2% 收益的土地，而不是把钱交给能付给他们 5% 利息的商人；他们还会以 5% 的利息

借钱来购买土地……而这些土地只能带来 1%—2% 的利润[39]。据估计，法国当时至少有 80% 的私人财富属于产业主财富。即使是在最商业化的城市，产业主财富也占主体地位：例如，在波尔多，有商人、经纪人和制造商等 700 人，但有官员、食利者和产权人等 1 100 人——并且许多商人都是以产业主财富的形式持有自己的大多数财富[39]。

而另一方面，法国有着数量惊人的、既有进取心又不乏创新精神的贵族资本家。尤其是从 18 世纪 70 年代起，他们已“大多投身”海外贸易公司和重工业[52]。他们根本就不是拘泥于传统财富形式的封建残余，恰恰相反，正是他们在促进经济变革中发挥着主导作用：“在其最为现代化的方面，商业资本主义更多地由贵族而非资产阶级所掌控。”[30]

（二）社会冲突与社会联合

由于有如此多的资产阶级表现得像贵族一样，又有如此多的贵族表现得像资产阶级一样，因此，很难在两者之间找到更多的阶级冲突的证据。的确，界定他们隶属不同阶级很难，不论是采用以经济作用和阶级意识为基础的马克思主义的阶级定义，还是采用诸如马克·布洛赫（Marc Bloch）提出的更广泛的定义。马克·布洛赫曾写道，他认为那些“生活方式极为相似，物质环境非常接近，绝不会产生任何利益冲突的人”[47]，属于同一个阶级。没有人知道法国当时究竟有多少贵族，据估计最少有10万人，最多有40万人。显然，法国的贵族千差万别——抛却其他区别不谈，法国贵族可能和教堂的老鼠一样穷，也可能和克洛伊索斯（Croesus）国王一样富——因此，当罗伯特·福斯特（Robert Forster）质问“我们何不再向前迈一步，不再将‘贵族’当作一个社会类别”[177]时，人们可以做出肯定的回答。

14 有人认为法国贵族在18世纪进行了“贵族的反动”，从而加深了资产阶级的挫败感。现在，推翻这一看法的时机已经成熟。无疑，贵族控制了政府、行政机关、教会和最重要的社会机构——但他们之前也一直如此[33]。如果说与之前有什么区别的话，那就是趋势朝着更有利于新兴贵族的方向发展。在这一趋势发生的地方——这一趋势并不普遍——领主上调封建税费，更多是因为商业化（新型投资），而不是用于封建活动[31]。初看上去背弃了贵族特权的举措并不是针对非贵族，而是针对其他贵族。1781 年臭名昭著的“塞居尔法”（Ségur Ordinance）就是一个典型的例子，该法令规定只有拥有四代及四代以上贵族身份的人才能加入军官团体。这是贫穷的外省贵族出于自身利益而反对富裕的新受封贵族（*anoblis*）的一项举措；对外省贵族来说，军队是他们的主要用武之地，而富裕的新贵族则用金钱铺就其晋升之阶[49]。

这一事件凸显了法国旧制度中最具腐蚀性的社会冲突和君主政体最具破坏性的败笔。18 世纪欧洲最成功、最稳定的两个国家——英国和普鲁士——得益于它们的精英集团的联合，尽管各自的成功和稳定是以完全不同的方式实现的。这种联合因为那些精英集团的相对同质性而变得更为容易。然而在法国，路易十四建立奢华的宫廷制度，推行中央集权，加之大肆卖官鬻爵，致使贵族人数太多，成员过于驳杂，内部难以融合，这给君主政体带来了沉重负担。相对弱小的外省贵族在贫穷和无名中日趋衰落，因此对宫廷权贵怀有强烈的怨恨。他们中许多人——可能多达四分之一——非常贫穷，甚至筹不到服兵役所需要的微薄钱款。他们能够进入令人向往的权贵圈的机会微乎其微（一个富有新贵族的女儿远比一个乡绅的女儿更容易嫁给望族，无论这个乡绅的家族多么古老）[52]。

当18世纪80年代末大灾难袭来时，这种不断滋长的怨恨，连同王室在18世纪——尤其是战争和外交政策等至关重要的领域中——的失败统治所导致的士气
15 低落，使得国王变成了孤家寡人。1789年夏天，当路易十六竭力寻求原本应是他最忠诚和最有力的武器——军队——的支持时，该政权在他的手中土崩瓦解了[143]。

非要说贵族与资产阶级有什么不同的话，那就是资产阶级的成分更为复杂。如果人们认为资产阶级发展得很快——它在1660—1789年间增加了2倍[57]——这在某种程度上应归功于它成分复杂的特性。当时，一个“资产阶级”可能是城镇居民、食利者、第三等级成员、新受封贵族、从事经济活动且经济独立的平民，或者就是一个“老板”[2]。不是所有经济进步的群体都可以与“资产阶级”这一术语等同起来，这一术语往往与具有独立谋生手段的人而不是积极进取的企业家联系在一起[59]。当然，马克思主义者深知这种差异：乔治·勒费弗尔划分出五类群体（食利者；官员和律师；金融家、船主、商人和制造商；工匠和手艺人；知识分子、记者、音乐家、艺术家等）。阿尔贝·索布尔则提出四类群体（食利者；自由职业者；工匠和店主；商人）。[18, 24]尽管这样，他们都一致认为所有这些群体本质上组成了一个单独的阶级：

> 毫无疑问，资产阶级是形形色色、多种多样的：一个少有同质性成分的社会阶级。但是，资产阶级也是同一阶级……评判资产阶级的首要标准无疑是财富，但往往不是依据财富的多少，而是依据财富的来源、形式、管理和消费的方式，即“像资产阶级那样生活”。毫无疑问，18世纪的法国人可以轻易地分辨出哪些人属于贵族，而哪些人出身资产阶级。[25]

但是，即使是采纳索布尔自己的标准，也很难看出他的四类群体是如何组成一个单独的阶级的——因为食利者、自由职业者、工匠和店主、商人，就各自财富的来源、形式、管理和消费而言，显然不属于“同一”阶级，而是各不相同的。事实上，称呼那些既非农民也非工人的平民，“资产阶级”是一个方便的——且不说是必不可少的——术语，但它并不算是一个阶级。

索布尔坚持认为，资产阶级领导层具有现代性，而且资产阶级与贵族之间本质上具有相互对立的关系；这一主张遭到了其他马克思主义历史学家更加巧妙的批判。例如，雷吉娜·罗班（Regine Robin）争辩说，杀猫 16
的方法不止一种，那么从封建主义到资本主义的道路也不止一条。她认为，比索布尔及其追随者所主张的阶级斗争模式更有说服力的是，把这种转变看作一个“交融”（*intrication*）的过程。1789年之前，尽管旧有精英并未失势，但封建主义剥削已经让位给资本主义剥削，生产关系正在以“普鲁士的方式”发生改变。这样一种模式与马克思主义理论全不冲突，而具有讽刺意味的是，它也同样与修正主义者的实证研究高度相容，即使修正主义者一直试图以此否定马克思主义理论的合理性。索布尔错就错在他为了将法国大革命置于从封建主义向资本主义转变的中心而歪曲了大革命的意义[15]。

路易·阿尔都塞（Louis Althusser）试图以一个完全不同的——当然也是马克思主义的——观点说明旧制度时期贵族和资产阶级之间缺乏敌对意识的原因。他认为，工业资产阶级——“真正的现代资产阶级，它彻底改变了此前的经济和社会秩序”——直到18世纪还籍籍无名。当时，经济上最先进的群体主要是靠商业经济谋生的资产阶级，他们最终完美融入封建秩序，并没有野心与其做斗争。相反，他们运用获得的财富，去购买土地、待售的官职、政府债券，以及贵族身份。因此，这场斗争的双方并不是专制君主与贵族，也不是贵族与资产阶级，而是作为一个整体的封建制度与它所剥削的大众。国王、贵族和资产阶级之间存在的是一场理论上的争论，而存在于旧制度和民众之间的是一场社会冲突[92]。事实上，正如我们在后文将要看到的那样，强调民众的革命作用很好地呼应了索布尔的另一个中心论点。

不管一个人的理论出发点是什么，有一点总是肯定的，那就是资产阶级远不是要与贵族斗争，而是试图加入他们。这很容易实现，只要有志者有足够的钱。最快的途径是通过购买“国王秘书”（King's Secretary）的职位来获得贵族头衔，这一闲职可以立即赋予购买者及其家族世袭的贵族身份。尽管费用高昂——旧制度末期已高达15万里弗尔[①]——但在18世纪有大约2 500名购买者［其中包括伏尔泰（Voltaire）和博马舍 17 （Beaumarchais）］[52, 74]。其他可获授贵族身份的待售官职还有很多，尽管大多数并无法使买主立即获得贵族身份。据估计，在18世纪至少有6 500个家族获得了贵族头衔；换句话说，整个法国将近四分之一的贵族是新晋出身。值得注意的是，这些新晋贵族中的最大群体由大商人、金融家和制造商组成[52]。并且，没有任何迹象表明社会阶层向上流动的势头正在减弱，在1774—1789年路易十六在位期间，有2 477人（其中包括购买国王秘书职位的878人）实现了身份的飞跃[49]。

资产阶级的上层人士有多渴望融入贵族阶级，这些

① 里弗尔（livre），法国的旧货币单位。

数据就是较为“确凿的”证据。而相反过程的证据却难以找到。诸如肖锡南–诺加雷（Chaussinand-Nogaret）这样的修正主义者坚持认为，这不仅仅是资产阶级贵族化的过程，同样也是贵族资产阶级化的过程：

> 从1760年起，在此之前一直被认定为贵族所特有的价值观和荣誉观被一种新的观念，即重视才智（merit）所取代。后者是一种第三等级所特有的中产阶级的价值观，贵族将其接收过来变成自己的东西，认可并正式确定为贵族的标准。从那时起，贵族和中产阶级之间不再有任何重大差异。现在，贵族不过就是成功取得了某种身份的平民。[52]

对如此庞大的一群人做如此广泛的概括，必定很难详细展开论述。正如我们后面将要看到的那样，最具说服力的证据可追溯至大革命之前，基于贵族和第三等级为1789年三级议会编制的陈情书（*cahiers de doléances*）中的惊人相似之处。在考虑该事件之前，我们有必要把目光转向他们在18世纪共同参与的进步文化运动，即启蒙运动。

（三）启蒙运动

在这一研究中，我们所关心的有两大问题：启蒙运
动能被称为“资产阶级运动”吗？启蒙运动和法国大革 18
命之间有怎样的关系？大多数马克思主义历史学家对第一个问题做出了明确的解答：“以社会史的角度看，启蒙运动是西方资产阶级思想发展过程中的一个重要历史阶段。”人们认为并发现，启蒙运动的中心思想与产生资产阶级的市场经济的基本性质是一致的。例如，吕西安·戈尔德曼（Lucien Goldmann）认为，基于交易的社会所需要的主要思想范畴是个人主义、契约、平等、普遍性、宽恕、自由和财富，而且“任何了解法国 18 世纪的人都会明白，这里列举的（而且绝不是巧合）同启蒙思想的基本范畴完全相同”。

在永恒的相下[①]，当这种鸟瞰视角越来越接近理论基础的地表时，它能够——至少根据自身的条件——适应这一版图里出现的所有棘手的不同情况。虽然启蒙思想家的意识形态和社会地位成分混杂，虽然相当多

---

① 在永恒的相下（*sub specie aeternitati*），是巴鲁赫·斯宾诺莎（Baruch Spinoza）的名言。

的资产阶级不关心或反对启蒙运动，但从本质上说，“法国 18 世纪的社会思想史首先是资产阶级意识形态发展和传播的历史，以及为资产阶级革命做意识形态准备的历史”[29]。这不是第一次，也不是最后一次——我们到达这样一个阶段，即仅仅是争论不会让事情取得任何进展——它变成了一个信念的问题。解决问题的唯一之道就是把注意力投向最为重要的特征，这些特征表明法国启蒙运动的社会性质并非单一。

很明显，首先需要了解的是启蒙思想家的背景。当然，一个人的社会出身不能完全说明他的思想的社会性质——例如，不能因为列宁出身贵族的事实就给马克思列宁主义贴上贵族的标签。但是，了解背景总归有些帮助。如果所有的启蒙思想家都是资产阶级，那么，前面引用的戈尔德曼和沃尔吉纳（Volguine）所做的笼统概括就更容易为人所接受。结果，人们不得不吃惊地发现，他们中有如此之多的人——孟德斯鸠（Montesquieu）、马布利（Mably）、若古（Jaucourt）、孔多塞（Condorcet）、孔狄亚克（Condillac）、沃韦纳格（Vauvenargues）、布丰（Buffon）、爱尔维修（Helvétius）、拉瓦锡（Lavoisier）、魁奈（Quesnay）、杜尔哥（Turgot）、米拉波（Mirabeau）（还有其他人）——出身贵族；剩下的人则背弃了他们的出
19 身，用钱打通了贵族之路[74]。法国启蒙运动最重要的一

部著作——《百科全书》（*L'Encyclopédie*）——的撰稿人名单中，有比例较高的新老贵族、数量惊人的神职人员（占12%），基本都是中上阶级的代表性人物[113]。此外，有学者认为，至18世纪80年代，所有最有影响力的启蒙思想家都已顺利融入旧制度的上流社会当中。

如果生产者没有组成一致的集团，那么消费者也不会。《百科全书》并没有吸引到法国社会中经济进步的那部分人，但却受到传统精英——贵族、官员、律师和教士——的欢迎。贝桑松（Besançon）是一座古老的省会城市，人口有28 000，其中338人订阅了四开本的《百科全书》；里尔（Lille），一个不断发展的制造业中心，人口有61 000，却只有28个订阅者。正如罗伯特·达恩顿（Robert Darnton）所断定的那样，这部书的读者“来自1789年中瓦解得最快的各个社会部门，来自高等法院和大法官裁判所，来自波旁王朝的官僚机构、军队和教会”[97]①。

对启蒙活动依托的两大机构中心即各省的学会（provincial academies）和共济会会所的定量研究，也得出了类似的结论。前者中有20%的成员是教士，37%是

① [美]罗伯特·达恩顿：《启蒙运动的生意》，叶桐、顾杭译，生活·读书·新知三联书店，2005年，第514页。

贵族，43% 是资产阶级。而且，大多数资产阶级是医生、律师、作家和教师；商人和实业家的代表人数明显不足。共济会的成员构成无疑更具资产阶级性质，教士的比例下降到 4%，贵族的比例下降到 15%（巴黎为 22%）。在共济会，终于可以看到具有资本主义特征的资产阶级，因为各省 36%（在巴黎为 17%）的共济会成员来自银行业、商业或制造业。这类研究还有大量工作有待完成，但是，要重新绘制一幅社会性质多元化的启蒙运动修订图似乎不太可能。此刻，我们只能用彼得·盖伊（Peter Gay）的话作结："因为我们的信息太支离破碎，我们的数据太缺乏说服力，所以我们不能做出任何概括，只能得出以下结论：启蒙思想的受众分布在受过良好教育的社会阶层，各行各业虽不平均但很广泛。"[107]

相对来说，首都巴黎的沙龙虽然是非正式性的，但
20 对于启蒙思想的形成和传播发挥了重要作用。贵族和资产阶级知识分子聚集在这里，组成了一个志趣相投的精英团体。相对于其他地方，沙龙更能显示出贵族采用的社会价值的首要标准是"才智"。勒莫尼耶（Lemonnier）用绘画的方式将这种联合恰如其分地表现出来。在他为赞颂若弗兰夫人（Madame de Geoffrin）的沙龙所作的一幅油画中，当时的知识精英——布丰、达朗贝尔（D'Alembert）、爱尔维修、狄德罗（Diderot）、孟德斯

鸠、魁奈、卢梭（Rousseau）、雷纳尔（Raynal）等——同孔代亲王（Prince de Conti）、尼韦奈公爵（Duc de Nivernais）、昂维尔公爵夫人（Duchesse d'Anville）和黎塞留元帅（Maréchal de Richelieu）等显赫的贵族肩并肩坐在一起。

这是沙龙相对早期的发展阶段。至少从18世纪30年代起，能否参加沙龙更多的是基于一个人的才智，而非社会地位，进步的贵族——如孟德斯鸠——会自由地同平民进行社会交往和知识交流。贵族和资产阶级的上层人士普遍接受了良好的教育，正是因为教育，这一过程才得以持续展开。18世纪的世界越来越重视人才，竞争也愈发激烈，因此良好的教育越来越受到珍视。正如肖锡南–诺加雷所指出的那样：

> 严格意义上说，接受这样的教育并不是好出身的特权，而是财富的特权之一。富裕的中产阶级也利用了这一点，比如，包税人的儿子上最好的学校，因此可以与大公亲王的儿子接触。这样便出现了一批文化精英，其内部成分混杂，既有旧世袭又有新血统，既有未来的地方执法官又有未来的政府官员。[52]

然而，即使可以确定产生启蒙思想的土壤成分复杂，既有砂石又有沃土，但没有必要由此认为那些思想没有任何社会特征。至少，出于跟随潮流和/或愚蠢的原因，贵族也会拥护损害自身利益的思想。在这里，我们需要解决两个问题：确定启蒙运动的基本思想和确定贵族的基本利益。其中第一个问题更简单一些。如果法国启蒙运动是一个宽敞的教堂，足以容纳孟德斯鸠和卢梭等各不相同的教会成员，那么，我们多少能找到某些类似一神论的教条。由此，彼得·盖伊的推断是合理的，启蒙
21 思想家想要的社会和政治秩序应该是世俗的、理性的、人道的、和平的、开放的和自由的——这里的自由是指“免于专横权力、言论自由、贸易自由、发挥自己才能的自由、审美的自由，总之，一个有道德的人在世界上自行其是的自由”[105]①。

这里列举的明显少了“平等的”，因为启蒙思想家并不主张人人平等，而是主张精英统治。即使他们反对仅因出身而获得的特权，但依然能看出他们——除了少数例外——有着明显的贵族情结。他们虽然强烈谴责贵族特权的明显滥用，如狩猎法（game laws），但没有号召彻底废除贵族制度，毕竟他们中有非常多的人从属于这个

① ［美］彼得·盖伊：《启蒙时代（上）：现代异教精神的兴起》，刘北成译，上海人民出版社，2015年，第1页。

制度[115]。他们把真正的激进主义留给了反对天启宗教。

如果有人问启蒙运动是否反对贵族的利益，答案并不确定，随贵族性质的不同而有所变化。如果他是一位不容异说的天主教徒，高度重视世袭特权，并认为这种世袭特权是完美封建世界里最美好的东西，那么，启蒙思想家所设想的新社会就容不下他。但是，如果他相信自己的能力，并不受当时条件的限制努力施展它们，那么，他完全有理由热烈欢迎这一新社会。这是一种文化的冲突，与菲尔丁（Fielding）小说中描述的乡绅韦斯顿（Squire Western）和奥尔沃西先生（Mr Allworthy）之间的冲突相仿。

总的来说，很难把启蒙运动看作明确反对作为一个整体的旧制度的运动。旧制度的基本特征可以概括为封建专制、天主教会统治、贵族专权、等级制度森严、特殊主义（particularist）（在这个意义上讲，超越地方团体的忠诚对象通常是本省或国王，而不是像国家这样的抽象概念），以及以农业经济为主[46]。当然，只有第二个基本特征可以说被启蒙思想家断然摒弃。天主教教义作为一种意识形态，因其崇尚非理性主义不能为启蒙思想家接受；天主教教会作为一种机构，因其财富、权力、腐败和不容异说而受到排斥。并且，诸如卡拉斯案（Calas affair）和德·拉·巴尔骑士事件（Chevalier de la

Barre affair）这样的著名案件（*causes célèbres*）一次又一次地赋予伏尔泰“扫灭丑类”（*écrasez l'infâme*）的口号以新的急迫感[106]。

然而，在其他学派，人们更少反对旧制度的本质，而是更多反对它的弊病。由重农学派（physiocrats）倡导、在法国启蒙运动中发展形成的唯一一种逻辑清晰
22 的经济理论，主张积极发展农业和利用土地，认为只有农业和土地是财富真正的源泉。启蒙思想家的政治理论光谱从左派延伸到右派，从孟德斯鸠的贵族立宪（aristocratic constitutionalism）延伸到卢梭的平民民主（plebeian democracy）：“他们都对高尚行为（decency）达成一致意见：赞成它。他们都对宗教达成一致意见：反对它。但他们的政治观念和政治理想涵盖了过于广泛的可能性。”[107] 如果鲜有人像伏尔泰那样讲求实际，就不会出现与法国当时既存政治体制相悖的政治改革的明确纲领；伏尔泰几乎拥护所有政体形式，这取决于他当时讨论的是哪一个欧洲国家。

从社会角度看，启蒙思想家在18世纪经历了同化和融合，而不是异化。这一进程恰好被两段截然不同的小插曲描绘出来：1726年，伏尔泰挨了罗昂骑士（Chevalier de Rohan）的仆人们一顿痛打，因为他嘲笑了他们的主人。1778年，伏尔泰在与世长辞前不久返

回巴黎，这时他已经为人们所“神化”，正值一生中最为辉煌的时刻，巴黎上流社会齐聚一堂为他庆贺。在这近半个世纪的时间里，伏尔泰及其同仁首先是渗透，然后是接管了旧制度的文化机构，其中包括在1772年接管了法兰西学术院（Académie Française），并将其变成“某种意义上的俱乐部会所”[102]。他们受到越来越多大臣和文职官员的支持，并得到了相应的帮助和鼓励；这些人还通过发放大量津贴的方式满足启蒙思想家的物质需求。正如伏尔泰在1778年最后一次返回巴黎时被世人称神所表明的那样，到18世纪70年代末，启蒙思想家已欣然为旧制度社会所同化。

法国启蒙运动是一场知识精英为自身而发起的运动。除了卢梭这个永恒的例外，启蒙运动最有影响的代表人物认为，大众启蒙既不可能，也不可取。大众教育应该仅限于“阅读、写作和算术教育”（three Rs）以及一定程度的体力、职业和道德训练，因为大众教育的基本目的是提高经济效益并维持社会稳定，除此之外别无他求。在伏尔泰看来，“启蒙时代将只启蒙少数有识之士（*honnêtes gens*）。普通人将始终是迷信者”——他此处指宗教信仰。当然，伏尔泰出生于1694年，属于较老一代的启蒙思想家；做出以上那番评论的时候（1759年），他已经成为一位有权有势的人物。即便如此，他的贵族视角 23

在随后几代启蒙思想家中仍具有代表性。霍尔巴赫男爵（Baron Holbach）——他在有生之年目睹了法国大革命的爆发，有时被看成一位民主主义者——总是将资产所有者和“低能的大众”仔细区分开来。他认为“低能的大众缺乏所有的启迪和理智，在任何时候都会沦为那些试图分裂与颠覆社会的煽动者的工具和同伙”，并要求“我们永远也别反对一贯有必要存在的不平等”。

（四）公共领域与公共舆论

当时许多人认为，法国大革命是由启蒙思想家阴谋策划的，下述观点并不妨碍他们的这一信念。例如，埃德蒙·柏克（Edmund Burke）于1790年在《法国革命论》（*Reflections on the Revolution in France*）中论述说：“我从各方面都听说有一个自称是哲学家的阴谋集团，在最近法国发生的许多事件中博得了荣誉；他们的见解和体系成为所有这些事件的真正的指导精神。”[①] 法国大

① ［英］柏克：《法国革命论》，何兆武等译，商务印书馆，2017年，第119页。

革命日益发展的激进主义思想将欧洲人的思想分化成左派和右派，阴谋集团的传言也如雨后春笋般蔓延开来。尽管这些偏执的幻想经受不住学术分析的考验，但法国大革命必定起源于启蒙运动的观点则在较长的时间里一直保有影响力[117]。然而，近年它受到了挑战，不仅是因为启蒙思想家绝不是旧制度的激进反对者，也还有方法论上的原因。有人指出，仅仅因为发生年代的先后顺序而认定法国大革命是由启蒙运动“引起”的，这是一种常见的后此谬误，即认为在此之后，因而必然由此造成（*post hoc ergo propter hoc*）；急于下定论的分析者往往会掉入这个臭名昭著的陷阱。实际上，有些大胆的人物已将这种关系逆转过来，认为是法国大革命造就了启蒙运动，而不是启蒙运动造就了大革命[96]。这并没有乍听上去那样荒谬，因为确实，一旦革命者声称启蒙思想家是他们自己人，我们必定会用一种歪曲的视角来审视他们已经显而易见的先驱。

后修正主义学者也不接受法国大革命可能具有思想起源这种观点[94]。相反，他们提出了一种文化上的解释。我们如果要了解他们的方法和结论有何独到之处，首先必须了解他们的词汇。我们尤其有必要了解某些使用频繁但极少予以阐释的关键词，特别是“文化”“政治文化”和“话语”（discourse）等。历史学家喜欢用诸如 24

“诠释学”（hermeneutics）或“物化”（reification）等很难让人理解的词来体现自身的文化修养；相比之下，前面这类关键词虽然也是历史学家爱用的词，但看上去十分浅显易懂，没有一点陌生感。不过即便如此，仅凭常识去理解这一类词汇是远远不够的。

这些“同形异义词”（*faux amis*）中最难以捉摸但也最重要的是“文化”一词。例如，“你可以让一个妓女有文化，但你无法让她思考”（多萝西·帕克[①]），“当我听到‘文化’这个词时，我便伸手去拿左轮手枪”（赫尔曼·戈林[②]），以上两句话中的文化都不是指普通意义上的“文化”。绘画、文学或音乐等意义上的“文化”，起源相对较晚，在19世纪晚期才开始普遍使用。后修正主义历史学家所指的“文化”是源自人类学定义的文化。值得注意的是，正是在18世纪，文化一词开始进入欧洲大多数语言之中。最初使用该词时一般将其作为

---

① 多萝西·帕克（Dorothy Parker，1893—1967），美国知名作家。她常以诗歌犀利直率地讽刺当代美国人的性格弱点，其短篇小说也同样富有讽刺意蕴。代表作有诗集《足够长的绳索》（*Enough Rope*，1926）等。

② 赫尔曼·戈林（Hermann Goering，1893—1946），纳粹德国党政军领袖，曾担任诸多重要职务，创立了秘密警察机关“盖世太保”。他与希特勒关系极为亲密，曾被其指定为接班人。

"文明"（civilisation）的同义词和"野蛮"（barbarism）的反义词，后被德国理论家约翰·戈特弗里德·赫尔德（Johann Gottfried Herder，1744—1803）提炼加工，用以形容特定时代特定地区的特定社会。赫尔德认为每个民族（*Volk*）都拥有自己的习俗、制度、价值观念和特性，并且每一种文化都和其他文化一样行之有效。因此，他也认为，每种文化都应该基于各自的情况，从内部以同情的眼光予以看待。

我们无法详细陈述这一概念的一步步发展，只要说明在19世纪晚期"文化"一词已经具有现代人类学上的含义就足够了。爱德华·泰勒爵士（Sir Edward Tylor）在《原始文化》（*Primitive Culture*，1871）中对文化在现代人类学上的定义做出了最佳表述："文化是一个复杂的总体，包括知识、信仰、艺术、道德、法律、风俗，以及人类在社会里所得的一切能力和习惯。"[①] 这似乎是一个十分大的范畴，几乎能囊括所有一切。当它的自主地位得以确立，它便具有了更大、更准确的含义。以文化为名的"复杂的总体"不是由社会的物质条件所决定的，也不是建立在经济生产力基础之上的上层建筑；相反， 25

① [英]爱德华·泰勒：《原始文化》，连树声译，广西师范大学出版社，2005年，第1页。

它是独立存在的。当然，它受到气候或地理等环境因素的影响，但它的动力是自发产生的，并且是“自我指涉”的。这就是说，文化的组成部分获得意义，并不是因为该部分与某种外部的所谓更根本的现象有所联系，而是因为它与文化内部的其他组成部分有所联系。当然，这使得那些赞成这一文化定义的人与马克思主义者相龃龉，因为马克思主义者认定文化是由阶级身份决定的。甚至连雷蒙·威廉斯（Raymond Williams）这样一位敏锐且非教条化的马克思主义者都坚持认为，经济结构必须被看作“一条主线，文化便是沿着这条主线编织起来的”①[134]。

共同的交流手段往往能弥合分歧，那么当这样的手段得以确立时，文化便也获得了一个更加分明的轮廓。这就是语言：“人是独一无二的，因为每个人都具有用符号代表世间万物或者说是赋予世间万物以意义的能力，能自由地、随心所欲地解释事物和事件、目标和行为的意义。有声言语（articulate speech）则是最具特点和最重要的一种符号。所有文化都是通过一般的符号，尤其是有声言语产生并流传下来的。”[133] 但是，正如任何一

---

① ［英］雷蒙·威廉斯：《文化与社会》，高晓玲译，吉林出版集团有限责任公司，2011 年，第 285 页。

种文化都会有某种时空特性一样，文化的语言也是如此。字词在不同的时代和不同的地方可能拼法相同，但是，根据谁说的、对谁说的、在什么地方说的、什么时候说的、为什么这样说，它们的意思会发生变化。在这种完整语境下的语言被称为“话语”，如“旧制度的话语”或“法国大革命的话语”。因此，要了解一种文化中发生了什么，仅仅阅读伟大思想家的主要著作是不够的，还必须考察整个“意识形态的语境”[131]。

了解政治文化尤其应如此。对狄德罗和达朗贝尔的《百科全书》或卢梭的《社会契约论》(*Social Contract*)进行文本分析，就能找到法国大革命的起源，这种设想无疑暴露了对这一政治进程的理解极其有限。想要真正了解就必须考察整个文化。关于这种方法，基思·迈克尔·贝克也许已经给出了最好的定义。“这里所给出的[政治文化的]定义更倾向于一种语言学解释。它把政治看作是提出主张，看作是活动；通过这种活动，社会中的个人和团体阐明、协商、贯彻与执行他们针对彼此和针对社会整体所提出的竞争性主张。从这个意义 26
上讲，政治文化是提出这些主张的一套话语或象征性实践。”[94] 换句话说，历史学家不应研究“宪法”“自然权利”“专制统治”或“自由”等抽象概念，而应研究那些积极参与政治活动的人实际使用的语言、符号和仪式。

此外，这些话语形式（discursive forms）不应该仅仅被看作是潜在利益的反映，它们本身就是真实的。这种评论看似令人困惑，但其重要性将在后文中凸显出来。

然而，在我们从方法论转向实践之前，还有一点需要做进一步说明。后修正主义历史学家吸收了人类学家如克利福德·格尔茨（Clifford Geertz）、哲学家如雅克·德里达（Jacques Derrida）和不同的思想史学者如昆廷·斯金纳（Quentin Skinner）、米歇尔·福柯（Michel Foucault）等的理论学说。不过，就对旧制度的认识而言，后修正主义历史学家主要受到了德国哲学家和社会理论家尤尔根·哈贝马斯（Jürgen Habermas）的影响。一批用"公共的"这一形容词加以修饰的概念，如"公共领域""公共空间""公共舆论""公共性"，正是源于哈贝马斯[126]。他的影响力十分大，所以有必要就他的理论再说上一两句。哈贝马斯在1962年发表的教授资格评定论文中就提出了这些概念，但是——鉴于法国大革命历史学家使用的语言有很大局限性——直到1978年论文被翻译成法文和1989年被翻译成英文之后，这些概念的影响力才超出德语世界。

哈贝马斯并不是一位历史学家。他写《公共领域的结构转型》（*The Structural Transformation of the Public Sphere*）的主要目的就是揭露当时社会中所谓的自由制度的欺骗性本质，而对从旧制度向资产阶级社会转变的概述，正是这一批判的组成部分。他认定，前者的文化在本质上是一种“代表性”文化，即一种基于对“再现”（意为使其得到呈现）旧制度代言人权威的需求的文化，以使作为受众的民众对这一代言人适切地产生仰慕和敬畏。路易十四在凡尔赛的文化综合体可以被看作一个典型；在那里，所有的艺术形式都是为了歌颂太阳王（the Sun King）。这一代表性文化渐渐为资本主义的发展、随之而来的商品和信息交换的加速、识字率的提高和家庭性质的变化所侵蚀。在18世纪，一种不受政府控制的新型社交空间发展起来；在这一空间内，私 27
人之间可以互通信息，交流观点。他们可以以许多不同的方式这么做，最典型的方式是通过报纸和杂志，前往咖啡屋，以及加入自发性社团。报纸杂志的数量增长和流通的速度都很快。咖啡屋在欧洲各大城市如雨后春笋般发展起来。共济会会所或读书俱乐部等自发性社团也是这一时期的产物。哈贝马斯将这种新的社交空间称为“公共领域”（德语为“*Öffentlichkeit*”）。它的基本特性是具有“批判性”。不同于代表性文化的受众完全处于被动，公共领域的成员会聚在一起交往、阅读、对话，提出问题、寻求解答，并发表他们自己的评论。他们研讨的对象最初是文化事务，即评判和争论有关歌剧、戏剧和小说方面的问题，但是最终他们的注意力一定会转移到政治上去。

英国是当时欧洲最先进的国家，公共领域自然最早在这里形成。哈贝马斯认为，公共领域的主要特征可能在 1700 年业已定型，其中包括公众的政治参与。在欧洲大陆，代表性文化有较深的根基，所以公共领域的发展速度要缓慢得多。当然，正是在这里，我们终于开始接近法国大革命的起源。这一议题并不是哈贝马斯的主要关注点，因为他着重考察 20 世纪晚期邪恶的“文化产业”（culture industry）；但是，研究 18 世纪法国历史的史学家在接触到他著作的译本后最终抓住了机遇。他们摒弃了他关于公共领域的社会 – 经济起源的新马克思主义术语和假设，并将前文探讨的文化视角所提供的概念性工具付诸应用。

在 18 世纪产生的公共领域里，出现了一种可与官方专制政体相匹敌的新政治文化。它的出现始于文化领导权从凡尔赛向巴黎的转移，这一过程甚至早在路易十四的统治结束前就已经开始。在这位专制君主的两个软弱继承人手中，宫廷的代表性文化似乎开始渐渐过时，不复当年的影响力。1782 年，路易 – 塞巴斯蒂安 · 梅西耶（Louis-Sébastien Mercier）写下了它的讣告：“‘宫廷’一词不再像路易十四时代那样让我们感到敬畏。人们不再接受来自宫廷的统治性舆论；它不再支配任何类型的声誉名望……人们漠视宫廷的评判；有人公开宣称宫廷什么都不懂，它在这些方面毫无想法，它只知其然而不知其所以然……因此，在艺术、文学，乃至如今属于它管辖范围里的一切事物上，宫廷都已丧失了支配地位。”[96]① 这绝不仅仅意味着文化领导权在贵族之间的更迭，因为巴黎受众的规模和性质都在发生变化。首都的人口不仅在迅速扩大，而且他们的读写水平也在不断提升。虽然证据可能不够完整，但文化的发展全都指向同一个方向，即大众识字率。到 1789 年，巴黎 90% 的男性和 80% 的女性都能签署他们的遗嘱（尽管只有财产拥有者才立遗嘱），66% 的鳏夫和 62% 的寡妇能签署他们所继承财产的清单。据梅西耶说，在 1788 年，读书的巴黎人比一百年前多“十倍”。结果，为了满足日益增长的需求，形成了一个文学市场，出版了品种更多、开本更大、价格更便宜的书刊，由此也带来了人们阅读方式的改变。在过去，大多数能阅读的人看书过于“集中”，也就是说，他们会反复地阅读几本书（主要是宗教书籍）；然而现在，越来越多的读者“涉猎广泛”， 28

① ［法］罗杰·夏蒂埃：《法国大革命的文化起源》，洪庆明译，译林出版社，2015 年，第 166 页。

即他们阅读许多不同题材的书刊，通常是从数量与日俱增的租赁图书馆里借阅，但只读一遍。

这种形式的文化扩散所造成的关键结果是文化价值标准的重大转变。过去，只能由皇家学会决定什么是好的、应该鼓励的，什么是坏的、应该禁止的。现在，所有事渐渐开始由消费者——公众——做出最后裁定。这是一个早期发展阶段，而且是一个影响所有艺术分支的发展阶段。例如，皇家绘画学院（Royal Academy of Painting）于1737年恢复两年一度的公共画展，《法兰西信使》（*Mercure de France*）对此表示欢迎，写了下面这段富有隐含意味的话：

> 该学院很好地向公众集中展示了它的成果，将学院不同流派里最杰出成员的作品公之于众，让人们了解到该学院滋养的艺术取得了多大的进展。因
> 29 此，会有很多见多识广的人齐聚在这里，而每位艺术家都需要听取他们对自己作品的评价，并接受他们对自己的赞扬或批评。[124]

十年后，拉丰·德·圣耶纳（La Font de Saint-Yenne，通常被认为是第一位现代艺术评论家）于1747年写道：“那些与艺术家没有任何关系的大众严格而公正，只有

从他们口中，我们才能听到实话。”这类新裁决者优势地位的提高也出现在了其他艺术分支中。在 18 世纪 50 年代早期有关法国和意大利音乐孰优孰劣的“喜歌剧之争”（*querelle des bouffons*）中，双方都向公众发出呼吁，“因为只有公众有权决定一部作品是留给子孙后代，还是被食品杂货商用作包装纸”，个人在审美上的主观性只能“为公众的裁决所修正，而公众的裁决一向是他们真情实感和理性思考的表露”，一本小册子如此说道。有大量的证据表明，当时的人们把公众对美学的判断权同对政治的判断权联系在一起。达朗贝尔于 1759 年发表的一篇文章中提供了一个极好的例子：

> 令我感到惊奇的是，在这个世纪里，有如此之多的作者写贸易自由、婚姻自由、出版自由或绘画自由，却没有一个人写**音乐自由**……我们伟大的政治家对此答复说：“你的目光始终是短浅的，因为所有的自由都是相互联系的，且都具危险性。音乐自由表现为感觉自由，感觉自由导致思想自由，思想自由导致行为自由，而行为自由导致国家的毁灭。因此，如果我们希望维系这个王国，那就让歌剧保持原样吧；如果我们不想看到跟随歌唱自由而来的言论自由，就让我们给歌唱自由画上休止

符吧……”也许难以置信，但事实确实如此，在某些人的词典里，“喜歌剧派”［意大利喜歌剧的支持者］、“共和派”“反叛者”“无神论者”（我差点儿忘记算上“唯物论者”）几乎是同义词。

公众自什么时候开始表达自己对政治的“真情实感和理性思考”，这是一个值得商榷的问题。曾经有人认
30 为，这一过程的开始比通常认为的要早得多，而且哈贝马斯对事件发生次序的编排是错误的[95]。然而，有一点似乎没有什么疑问，即在18世纪中叶前后人们开始觉察到一种变化。克洛德－卡洛曼·德·吕利埃①于1787年在法兰西学术院发表的一场演讲中，将公共舆论产生的时间确定在奥地利王位继承战争结束（1748年）到七年战争爆发（1756年）前的几年中。他还重复了前文提及的梅西耶的论断，即首都已经摒弃了它对宫廷的恭敬态度，且“正是在这个时候，我们所称的‘公共舆论帝国’在我们中间崛起”[130]。虽然不可能拥有预知的能力，但早在1749年，阿尔让松侯爵（Marquis

① 克洛德－卡洛曼·德·吕利埃（Claude-Carloman de Rulhière，1735—1791），法国诗人和历史学家。早年曾担任黎塞留元帅的侍从官。1787年，他成为法兰西学术院院士。

d'Argenson）就已经做出了相似的评论。他在日志中记录道："五十年前，广大民众对政治新闻还不感兴趣，但是今天，每个人都在看《巴黎公报》（*Gazette de Paris*），甚至在外省也是如此。尽管他们的观点充满谬误，但他们的确表现出对政治事务的兴趣。"两年后，他又以非凡的先见之明写道：

> 一股崇尚反对君主制的自由政体的哲学之风，正从英格兰向我们吹来。它不断吹进人们的大脑，人们便知道了舆论是如何统治世界的。这一政体可能早已在人民的头脑中成形，只要一有机会就付诸实施；革命爆发所伴随的冲突也许会比人们想象的要少。所有的社会阶层都心怀不满……一次混乱可能变成一次叛乱，一次叛乱可能变成一场彻底的革命。[96]

然而，为什么这股风会如此"反对君主制"呢？正如英国这一先例所显示的，没有什么理由能解释为何公共领域中公共舆论的增长会导致暴力革命。反观之，英国的君主政体在1800年时要比在1700年时更强大。人们提出了几种解释，它们之间并不相互排斥。最有说服力的解释认为，高等法院是破坏君主政体名声的主要力量。1713 年，作为其反宗教异端运动的一部分，路易十四已从罗马获得了一份教皇诏书，即著名的“唯一圣子诏书”（Unigenitus）。该诏书谴责天主教会中支持宗教革新的詹森主义运动（Jansenist movement），并斥其
31 为异端。由于允许——其实是请求——外国干涉本王国内政，路易十四触及了全体法国人民最敏感的神经之一。当他的后继者们决定继续进行反詹森主义运动时，他们也使得君主政体与大众所认知的国民整体相龃龉。高等法院在组织反对君主政体方面发挥了重要作用。1715 年路易十四去世后，它们重新获得了在注册通过国王敕令前提出抗议的权利。在 18 世纪 30 年代和 50 年代一系列有关詹森主义问题的激烈争论中，它们自称是民族利益的代表：“高等法院在民族面前只代表国王发声；同样，高等法院在国王面前只代表民族发声。”这是雷恩（Rennes）高等法院于 1757 年做出的明确表示。它们越来越多地利用发表抗议书来煽动公共舆论，并不断取得成功。事实证明，路易十五和他的大臣们在这个新的政治舞台上不战自败，从试图威逼变成了怯懦的投降。

在以上争论中，君主政体遭受了两大重创。首先，它每隔一段时间便试图对高等法院进行武力镇压，引来了“专制主义”（despotism）的罪名，专制主义是在 18 世纪政治中滥用的大词（完全可以与今天可恨的“种族主

义”一词相提并论）。过去，法国宪法学家喜欢区分两种形式的威权政体——“绝对主义”（absolutism，好的）和“专制主义”（坏的）——但18世纪中叶的争论则搁置了这种区分。至此，所有形式的绝对主义政府都被认为是非法的[78]。正如威廉·多伊尔写到的那样：“最重要的是，专制是对政府及其官员的一种日渐频繁的指控。到了18世纪80年代，在公众的眼里，政府几乎和专制主义成了同义词。这意味着旧制度业已失去其臣民的信任。”[1][①] 其次，君主政体丢掉了它手中潜在的最大一张牌——民族团结和民族利益的代表地位。如果国王不能捍卫民族利益，甚至施行损害民族利益的举措，那么，人们便不得不在其他地方寻求主权。人们在“国民主权”（national sovereignty）的原则中找到了它，且至少在眼下，高等法院最有资格成为它的受托人。正如J. S. 布罗姆利（J. S. Bromley）在一篇仍有重要意义的旧文章中所写的那样：“国民主权是在议会斗争中形成的最具活力的概念……议会詹森主义 32
（parliamentary Jansenism），以及阿尔让松以此命名的詹森主义民族主义（Jansenist nationalism），无论在理

---

① [英]威廉·多伊尔：《法国大革命的起源》，张弛译，上海人民出版社，2009年，第97页。

论上还是在实践中，都比哲学家更能动摇法国绝对主义的组织结构。……或许它们［高等法院］才是无套裤汉（*sans-culottes*）的真正启蒙者。”[77] 以上论断得到了当代高等法院研究的领军人物、历史学家戴尔·范克利（Dale Van Kley）的肯定。他认为詹森主义之争是“斗争之路的重要里程碑，而这条斗争之路逐渐分化成法国大革命与反革命两条路”[89]。

在斗争之路的所有里程碑中，最著名的一个是“布列塔尼事件”（Brittany affair）。它始于 1763 年 11 月，于 1771 年 1 月达到高潮——当时，路易十五的首席大臣莫普（Maupeou）为彻底清除高等法院中的反对势力，从上层发动了一次政变。这场斗争旷日持久但引人入胜，已有著作对其进行了巧妙的描述和分析 [87]；所以在这里，我们只须点出斗争的成果即可。首先，它确定了绝对主义和专制主义之间的联系，这也是它最重要的成果。1766 年 3 月 3 日，路易十五来到巴黎高等法院并对其进行尖锐的斥责。在这场著名的鞭笞会议（*séance de la flagellation*）上，他对自己的无上权力做了如下明确的陈述：

> 最高权威在于朕个人……法院的存在及其权威皆源于朕本人。法院的全部权力都只是以朕的名

> 义来行使的，一直都源于朕，永远也不能用来反对朕。立法权只属于朕个人，这一权力不需任何其他依赖，也不容分享……公共秩序皆系于朕，民族的权利和利益……必须与朕的权利和利益紧密相连，且只掌握在朕手中。

在当时的大多数人看来，国王的作为与他的说辞一样专横，他常常滥用自己的权力干预正当的法律程序，迫害他的反对者，废止打击他党羽的法院举措。这样的做法于 1771 年 1 月达到了巅峰。当时，高等法院中持不同政见的人遭到了清洗，高等法院被迫进行整改，受国王管控。矛盾的是，这一举措的顺利实施反而为君主政体带来了主要威胁。较为顺从的法官履行着国王交付的差事，原本棘手的高等法院已不复存在。但是，这一胜利 33
只是假象。尽管这一政变最初只是莫普诋毁舒瓦瑟尔公爵（Duc de Choiseul）的伎俩[81]，但它导致了群情激愤，激起一场有关旧制度政治原则的激烈、广泛并且持久的争论。尽管政府得到了一些支持（主要来自伏尔泰），但大多数开明的观点，包括贵族的和资产阶级的观点，都在谴责政府的专制行为。尤为不祥的是，相当多的批评家对君主的绝对主义和高等法院的贵族政治都不感兴趣，他们期望的是自由宪政。用研究该事件的历史学家杜兰德·埃切维里亚（Durand Echeverria）的话说，它“促使法国人思考其政体和社会的方式发生了深远的转变”[83]。

换句话说，到路易十六于1774年继位之时，他所继承的政治制度已失去了合法性。一方面，公共舆论已取代国王成为威权之源；另一方面，路易十五的行为已使君主政体给人们留下了一个反民族的专制印象。与相近时代的腓特烈大帝（Frederick the Great，自封“国家第一仆人”）不同，路易十五无法将他个人与国家或民族这样的抽象概念关联起来，以使自己的权威得到“客观化”，因此未能使维系自身合法性的意识形态基础实现现代化。韦里神父①曾评论道：“今天，在巴黎社会，几乎没有人敢说‘我效忠于国王’……那样说的人很可能会被当作凡尔赛宫里的一个贴身仆人。‘我效忠于国家’是人们最普遍的说法。”在后修正主义历史学家中，基思·迈克尔·贝克最具有说服力和影响力，他对当时已出现的新型政治文化做出了最好的概括：

---

① 约瑟夫·阿方斯·德·韦里（Joseph Alphonse de Véri，1724—1799），法国神父，佛罗伦萨贵族后裔。他在巴黎索邦神学院获得神学博士学位。路易十六当政期间，他在政府事务中居于核心地位，为各方提供建议。

> 绝对主义的政治文化在最后几十年的变革中已经发生转型，而早在1789年前一种新的政治空间正发轫于这些变革。如果报刊是这一政治空间的媒介，那么，“公共舆论”则是其威权的基本原则……“公共舆论”已变成一种具有合法性和权威的新政治空间的明确理念，而这一理念与国王的理念完全相悖：这是一种公共空间，在这里，整个民族可以夺回反对国王的权利。在这个空间里，法国大革命得以成为可能。[94]

但是，为什么路易十六不能挽回这一局面呢？实 34
际上，在即位后不久，路易十六就接受了担任事实首席大臣的莫尔帕伯爵（Comte de Maurepas）的劝告，免去了莫普的职务，恢复了高等法院的权力。历经一番磨砺之后，高等法院发出一两声愤怒的呼喊以宣示自己的回归，但在随后的十多年中则变得比较沉寂。有人不免认为，到这个阶段旧制度的政治文化已发生了如此巨大的变化，以致任何的让步也不能使君主专制政体重新获得民意。只有改变政体才能满足民族的愿望。这一点肯定有几分道理，但对大多数人来说未免失之武断。

如果路易十六拥有更优秀的个性和判断力，他或许已经解决了宫廷派系斗争这一严重问题。路易十四在凡尔赛建立的制度是为了让贵族无法将精力和野心用于阴谋活动，设立繁复的礼仪以提升君主地位。路易十四通过辛勤的工作来维护个人魅力，让该制度发挥了出色的作用，建立起为欧洲其他各国所效仿的绝对王权和代表性文化的模式。然而，该制度早在1715年之前就已摇摇欲坠，后来在路易十四的继任者手中土崩瓦解。路易十五拥有一定的天资，这本该能让他稳坐法国国王之位：他聪明（据一位可敬的传记作家说，他是波旁家族成员中最聪明的一个[73]）、高大、强壮、英俊，具有男子汉气概。但他也胆怯、有城府、逃避责任、优柔寡断，常用难听的嗓音骂骂咧咧。因此，他不可能将路易十四的宫廷制度维系下去。渐渐地，他从宫廷的公共生活中退回到他的私人住宅中，抑或说完全脱离了凡尔赛，退居到自己的小小城堡之中。例如，在1750年，他仅在凡尔赛待了52个夜晚[90]。然而，当他离开时，宫廷便死气沉沉，廷臣们也搬回巴黎。他的继任者同样缺乏维系宫廷运转所需要的能力。正如路易十六的妻兄约瑟夫二世（Joseph II）所勉强承认的那样，路易十六尽管“不是一个十足的白痴”，但也相当平凡无奇。也许他最致命的弱点就是他的优柔寡断：“理解这位国王的想法就像试图抓住涂了油的桌球一样难”，这是他弟弟普罗旺斯伯爵（Comte de Provence）所下的毫不客气的定论。长期的迟疑不决和随之而来的不稳定都令路易十五和路易十六的统治深受困扰，让笼罩着君主政体的整体衰落感更加明显。这种衰落感通过法国最重要的两个官 35
职——陆军大臣（secretary of state for war）和财政总监（controller-general）——愈加频繁的人事变动而显露出来。在1715—1789年，陆军大臣共由18个不同的人担任；而在上一世纪的同一时期，仅仅有5人担任过该职位。在最重要的财政部门，人事变动则更为频繁：在1715—1789年，至少任命了25位财政总监，平均任期不到3年。而且，人事更迭的速度也在不断加快——在1754—1789年，就有17位财政总监，平均任期刚刚超过2年。在旧制度垂死挣扎的最后18个月中，有6位财政总监得到试用，到这时，他们的平均任期仅为两个半月！①

事实证明，路易十六在维系宫廷运行方面的能力和他祖父路易十五是半斤八两，他从自己憎恶的公共生活中抽身，混迹于狩猎与自己的工坊之中。他拖动着自己庞大笨重的躯体离开凡尔赛－巴黎地区的次数只有两次：1786年，他前往瑟堡（Cherbourg）视察港口的新设施；1791年，他因法国大革命而外出逃亡。路易十六即

---

① 作者的原文如此，且未注明资料来源。

位举行的加冕仪式选择了具有陈腐守旧王权象征意味的方式。他个人坚持全套的君权神授仪式，其中包括涂克洛维（Clovis）圣油（最初由圣灵从天堂上带下来，人们当时是这样认为的）的涂油礼。他特意戏剧化地使时光倒流，恢复了“触摸瘰疬病”的仪式（自 1738 年以来都未执行过）：他把手放在 2 400 名瘰疬病人（他们被特意集中安置在一个公园里）的身上，以此来显示自己作为行神迹的王（*roi thaumaturge*）的半神圣化身份 [91, 93]。自命不凡和现实之间的悬殊留下了一道难以逾越的鸿沟：太阳王曾经站立的地方原本满载荣耀，而现在却只剩一个空壳。

宫廷派系填补了这一空缺，致力于寻求政治影响和政治庇护。有关凡尔赛宫衰亡之际的政治情况，现代已有较好的描述 [84, 86]，因此，在这里只宽泛地概述一下即可。事实上，宫廷分成了两派，即“国王党”和“王后党”。前者拥护王室权威的传统价值观、正统天主教教义和对外联盟的旧制度；后者则与高等法院思想一
36 致，与启蒙思想家保持着密切的联系，并崇尚与奥地利联盟。顾名思义，王后党以玛丽·安托瓦内特（Marie Antoinette）为中心，她以强势的个性和极具魅力的外表对路易十六施加影响，这种影响虽非绝对，但却总是有害的：“在路易十六统治时期，玛丽·安托瓦内特的个

人影响举足轻重……这种情况导致了国王的大臣和王后之间的分歧，但把这一因素视为君主政体最终灭亡的原因，无疑是高估了它。”[86] 宫廷存在派系斗争很正常；18 世纪 70 年代和 80 年代的形势变得如此凶险，是因为路易十六的无能，他无法将各方势力团结在一起，督促他们朝着一个方向前进。历史经验一次又一次表明，只要国王亲自掌权（如路易十四）或授权给首席大臣（如黎塞留），绝对君主政体就能实现有效统治。然而路易十六两者都没有做到。尽管莫尔帕伯爵从未享有首席大臣的头衔或实职，但他至少发挥了某种形式的凝聚作用。1781 年他去世，核心早已软弱的君主政体便开始崩塌。

更糟的是，一场直指王室成员性生活的公众诋毁运动加剧了王室荒废政务带来的政治损失。这场运动始于前一代君主统治时期，当时路易十五臭名昭著的放荡生活在政治色情文学的浪潮中被大肆宣扬与极度夸大[75]。当然，波旁王朝君主们的伤风败俗之举在法国家喻户晓，但其中，路易十四被民间描绘成一位极具阳刚之气的豪杰，夸耀自己的性能力，并以此成为人心所向的领头羊；而在诽谤性短文（*libelles*）中，路易十五则被描绘成一个下流的堕落者，常年与平民妓女厮混，试图重振自己逐渐衰退的雄风。他最后一位公认的情妇——杜巴利夫人（Madame du Barry）——的确曾是一位交际花，这让这些故事更有了可信度。他的继任者的行为虽然无可指摘，但无助于扭转这种潮流。路易十六在成婚七年后才与王后初次行房，让他有名无实的婚姻变得圆满，而这一事实让民间本已经炒冷的饭又蒙上了一层致命的冰霜——鄙视。这也让人们的关注点转移到了他配偶的身上。

在 1770 年来到法国与王太子结婚时，玛丽·安托瓦内特正值及笄之年（15 岁），身材高挑，金发碧眼，十分动人。但同时她也很任性，喜欢玩乐，自以为是，而且愚蠢。集以上特点于一身，她无疑会引起小报记者的鼻祖即诽谤性短文作者（*libellistes*）的关注。即便
37 她对自己不受欢迎的其中一个缘由——她的奥地利出身——无可奈何，但她在宫廷中的行为举止无疑应该更加谨慎。然而，她却只将少数自己青睐的人留在身边，便利地通过丈夫掌控人事任免事宜，沉迷于不顾后果的奢侈生活之中。所有这些为散布流言蜚语之人提供了太多的话柄。许多其他事情暂且不说，关于她的传闻有：她最终所生几个孩子的亲生父亲并非路易十六；她极度淫乱，情人甚至包括她丈夫的弟弟阿图瓦伯爵（Comte d'Artois）；她的性病传染了整个宫廷；她与密友朗巴勒亲王妃（Princesse de Lamballe）和波利尼亚克公爵夫人（Duchesse de Polignac）沉迷于同性纵欲之中[101]。

1774—1788 年间，以王后为中心人物的政治色情文学的势头逐渐增强，1789 年后开始真正流行。此类小册子众多，以《沉迷于狂欢作乐的奥地利淫妇》（*L'Autrichienne en goguettes*）为典型。书中讲述路易十六喝了过多的香槟后不省人事，玛丽·安托瓦内特趁机与波利尼亚克公爵夫人和阿图瓦伯爵沉迷于淫秽下流的三人性爱之中 [156]。

法国大革命期间不断暴露出强烈的性心理疾病的元素，表明这一社会政治色情文学深刻影响了革命大众对特权阶层尤其是王室成员的印象。例如，当传说曾是王后情人的朗巴勒亲王妃在 1792 年的九月大屠杀（September Massacres）中被杀后，一群人前往圣殿塔监狱（Temple prison），把她的头叉在长矛上，拖曳着她的身体，任由肠子耷拉在体外，不停地叫喊着让玛丽·安托瓦内特来亲亲自己妓女的嘴。这种腐败堕落的名声一直跟随王后到死。1793 年 10 月，在对玛丽·安托瓦内特的审判中，公众不仅指控她叛国，还指控她与 8 岁的儿子乱伦；甚至在她被公开处以死刑时，新出的诽谤性短文还在廉价抛售，其中包括《王后告别她的小可爱》（*Les Adieux de la Reine à ses mignons et mignonnes*）。

这股淫秽狂潮对君主政体命运的影响到底有多大，令人难以估计。历史学家罗伯特·达恩顿专注于对这一阴暗角落的研究，他的见解值得重视。在过去的数十年中，他不断重申自己的看法：腐蚀旧制度根基的真正力量并不是由孟德斯鸠、伏尔泰、狄德罗及其同伴所代表
38 的“上层启蒙运动”（High Enlightenment），而是诽谤性短文作者迎合低级趣味的报刊。他声称，随着18世纪的发展，启蒙思想家失去了他们的锋芒，为统治集团所吸纳：“到1778年，当整个巴黎向伏尔泰致意时，最后一代启蒙思想家已经拿着津贴，高枕无忧并且完全融入了上流社会。”[98]另一方面，诽谤性短文的作者都是愤青，他们到巴黎来碰自己的运气，但却无法打入上层启蒙运动那令人羡慕的圈子里，因此，他们将自身的挫败感发泄在对统治集团的猛烈抨击当中。[102]尽管这些诽谤性短文遭到明令禁止，但实际上它们仍在自由流传，尤其是在巴黎，这让它们的毒汁渗透到旧制度的根基之中。达恩顿总结说：“禁书通过两个方面浇铸了公共舆论：一是将反叛言论结集成册（保存和传播这些言论），一是将不满改编成故事（将闲言碎语改编成条理清晰的文章）。”[99]

达恩顿的文笔流畅，再加上他所依据的史料总能撩拨人的心弦，所有这些使得他的阐释广为流传，并且影响经久不衰。然而，现在人们对他的阐释有了另一愈发明显的反应。特别是人们认为，他总是轻视自己口中

“专注于伟人与经典的文学史”[101]，这使得他对真正侵蚀旧制度合法性的因素视而不见。可是，针戏没有诗歌那么好——请边沁（Bentham）莫怪——而伏尔泰或狄德罗对旧制度的冲击要比达恩顿笔下的匿名色情文学作家更具破坏性。有人已经指出，承认启蒙思想家的重要地位，不一定非要回到老一代思想史学家“缺乏人民的观念”（ideas without people）的方法上。萨拉·马扎（Sarah Maza）曾卓有见识地评价说：“我们没有必要将伟大杰作的‘婴孩’连同蓄意曲解的‘洗澡水’一起倒掉。但是，只要探索经典著作和不太知名的作品之间的联系，我们就能重构语言背景和更为广泛的文化背景。在这样的背景下，法国大革命得以‘成为可能’。”[128] 人们还认为，达恩顿夸大了所谓已经融入统治集团的启蒙思想家和被统治集团疏远的诽谤性短文作家之间的差别[110]。无疑，伏尔泰或狄德罗从未把自己看作任何统治集团的一分子。同其他所有“上层的”和“下层的”启蒙思想家一样，他们一生都不能幸免于政府的审查。在这方面，旧制度总是处心积虑令这两类人都不如意。一
方面，不断壮大的审查官队伍（从 1741 年的 76 人到 39
1789 年的 178 人）和不断增加的审查条例（1757 年、1764 年、1767 年、1783 年、1785 年），使得任何想跨出正统意识形态狭隘界线的作家的生活都十分困难，甚

至危险。许多启蒙思想家（包括伏尔泰和狄德罗）都曾入过狱，他们所有人的生活都笼罩着这种阴影。另一方面，旧制度压制言论的尝试收效甚微。旧制度内部就存在破坏镇压的势力，像蓬帕杜夫人（Madame de Pompadour）这样的侍臣和马勒泽布（Malesherbes）这样的大臣为了保护启蒙思想家而出手干预，这只会吊起人们对非法文学的胃口。当莫雷莱（Morellet）与审查官们发生冲突而被押入巴士底狱时，他的朋友们安慰他说，监禁可能会给他带来好运 [117]。

因此，不论启蒙思想家被上流社会同化到什么程度，他们必然仍与政府保持距离。他们拿着政府的津贴，但始终身处体制外，以日趋批评的眼光审视体制内。尽管事实上路易十六的大臣们的确发起了一些重大的改革计划 [10]，但他们未能使公共舆论相信这一政体会与时俱进，并朝自由立宪和现代化方向发展。简言之，君主政体存在着一个严重的“形象问题”，这一形象既暴虐又软弱。这一点在诺曼·汉普森（Norman Hampson）对柏克和孟德斯鸠、约翰逊博士（Dr Johnson）和伏尔泰的比较中得到很好的说明。从实际的观念和态度来看，一方与另一方之间几乎没有差异。现实让法国人民对他们的政体产生更大的敌意，即他们被迫将自己看成“永久的反对派，这一角色承担着批判的职责，而这一批判逐渐得到普遍认同并日趋抽象”[111]。

另一方面，激进的报界人士如布里索（Brissot）或马拉（Marat）惊惧地发现自己属于文学无产阶级。1789年以后，这些报人在获得权势时，并没有诽谤“上层启蒙运动”的代表性人物，反而对他们大加赞扬，还郑重其事地将他们神化[110]。非法书籍买卖的性质也已经被歪曲。正如约翰·洛（John Lough）的评价，将所有地下书刊的出版等同于煽动叛乱完全是“夸大其辞”。事实上，真正有煽动性的出版物仅为非法买卖书目的“一小部分”，买卖的大多数图书都是盗版书，但本质上完全无害并且早已在法国合法出版[116]。

毫无疑问，路易十六不能履行夫妻之实的缺陷被大 40
肆宣扬，这让他的形象坍塌，也使心怀蔑视的廷臣在绝对君主政体于18世纪80年代末期开始遭遇致命危机时更容易抛弃自己对王室的忠心。然而，在法国大革命早期阶段的许多时候，路易十六仍能够激起立法机关成员和广大民众的强烈忠诚，这一过程极其自然，仿佛这一忠诚是官员与民众自发的。例如，1791年12月14日，路易十六来到国民立法议会宣布自己已经要求德意志的亲王们驱散各自领地上的反革命流亡者（*émigrés*），发誓支持新制定的革命宪法，并强烈呼吁双方进一步合作，以表明国王和全国人民团结一致。这席讲话掀起了一股沸腾的巨浪，国民立法议会秘书做了如下的记录："欢呼声持续了好几分钟。有些议员发出的欢呼声在整个议会大厅里回荡：法兰西国王万岁！议院旁听席上的观众和跟随国王而来的许多市民则一遍又一遍重复着这样的欢呼声。"[142]

这一事件发人深省。在这里，国王反对外国干涉，以保护民族利益的姿态挺身而出，立即在他的观众心中激起了共鸣的涟漪。他这样做，正是在履行君主两大基本职责中的第一项职责。除极少数个例以外，研究法国大革命起源的历史学家往往只关注国王身份的另一项特性——维护法律——以及这一特性在理论和实践中是如何受到侵蚀的。现如今，这种历史书写上的遗漏再也不能以便于理解为借口而被轻松揭过。在20世纪，法国作为一个大国被边缘化，而戴高乐主义者（Gaullist）的势力不断抬头，企图改变这一趋势，却让边缘化变得更加明显。这使得法国国内事务成为历史学家关注的首要议题，并影响了他们对法国历史的解读。在18世纪晚期，法国这个政治国家的前景则是另一番景象。他们认为，凭借其财富、人口、地理位置和历史因素，法国大概是地球上最强大的国家。的确，在不久前路易十四统治的时代，法国就是如此，"当时在欧洲，只要法国国王尚在，没有一条狗会叫唤"。

但是，那些光荣岁月过后，情况发生了多大的变化啊！凭借着后见之明，我们能够看清，法国在 17 世 41
纪最后 25 年间享有的霸权必定是短命的。随着欧洲其他国家迎头赶上，英国开发了位于海外的第二边疆，法国的资源则变得相形见绌，但又不得不进一步开发这些资源。当时大多数的人并不赞同这一类结构性的观点，当法国国力开始衰落时，他们更愿意寻找可以指责的罪魁祸首和某些特定行为。名列他们的问责清单之首的是由 1756 年 5 月 1 日签署的《凡尔赛条约》（Treaty of Versailles）所引起的“外交革命”（diplomatic revolution）。当时法国放弃了与哈布斯堡王朝近三个世纪的敌对，并与奥地利联盟。这一变化如此突然，如此巨大，以至于只有迅速取得光彩夺目的成功才能让它被人们接受。结果，随之而来的却是大灾难，如在随后的七年战争中，法国人在海外被英国人打败，在欧洲被普鲁士人打败。

这真可以说是世界的历史性时刻，除其他事情外，英语最终成为世界性语言也是当时导致的结果。也正是在这个时候，法国绝对君主政体的大部分合法性被剥夺。路易十五不仅未能保住法国在世界上的地位——即使是路易十四也会在战争中失利——更甚的是，他缔造了一个被大众认为是违背民族利益的联盟体系。人们认为，蓬帕杜夫人在这一体系的缔造过程中发挥了重要作用，这使得法国似乎更加丢脸。1763 年之后，路易十五非但没有止损，还仍然不顾艰难险阻地维系这种联盟关系。为了确保联盟的未来发展，他还让其继承人于 1770 年迎娶了奥地利女大公玛丽·安托瓦内特。被视为这种不受欢迎的联盟关系的化身，在很大程度上导致了她不受欢迎。人民不仅指责她纵欲过度，还控诉她充当了约瑟夫二世在凡尔赛的代理人（这是真的），而且把法国的大量黄金转移到她这位兄长的保险箱里（这不是真的）。

1763 年后，法国君主政体虽然免于诸如 1757 年 11 月 5 日罗斯巴赫战役（battle of Rossbach）那样的军事耻辱——当时，腓特烈大帝及其 22 000 人的军队在半小时内便击溃了两倍于己的法国军队——但当时不断有外交事件显示法国在世界上的地位已变得十分低下。1772 年，作为法国最早盟友之一的波兰被东面三个强
42 国残酷分割，对法国可谓是奇耻大辱，尤其是法国所谓的盟友奥地利也牵涉在内。1778 年后，法国在美洲与英国的战争中，原本一直是胜利方；而在战争的最后一年，法国遭遇一系列失利，之前的胜利毁于一旦，这迫使法国谈判代表接受了远远低于他们期望的条件。1783 年俄国兼并克里米亚（Crimea），1785 年腓特烈大帝组

建诸侯联盟（League of Princes），加之1787年法国未能阻止普鲁士入侵荷兰共和国，所有这些都进一步表明法国不再是一个强国[143]。当国家在国内无所作为而又格外重视外交政策时，这些失败划下的伤口就会变得格外深。从大量类似的判断来看，塞居尔伯爵（Comte de Ségur）下面的观察是具有代表性的：

> 因此，很快［在1756年奥地利联盟之后］，政府不再拥有任何尊严，财政不再拥有任何秩序，政策实施不再拥有任何一致性。法国失去了自身在欧洲的影响；英国轻易地控制了海上霸权，征服了无力反抗的西印度群岛。来自北方的列强瓜分了波兰。由《威斯特伐利亚和约》（Peace of Westphalia）建立起来的势力平衡被打破。君主制的法国不再是一流的强国。

正如我们将要看到的那样，这种衰落感引起王室军队中军官团体的不满，而在最后的危机爆发时，这种不满起决定性作用。1789年前法国所发生的事件和1917年前俄国所发生的事件有着十分惊人的相似之处，这不是第一次，也不会是最后一次。

第二章

影响：法国大革命

(一) 1786—1789 年的危机

不论是上层启蒙运动的思想家，还是格拉布街[①]专门报道丑事的新闻记者，仅凭他们自己是不能推翻旧制度的。不过，当看到旧制度因为其他原因开始摇摇欲坠时，他们便会立马抓住这一机会显示自己的存在感。18 世纪 80 年代末就是这一机会出现之时。卡洛纳（Calonne）担任财政总监时，法国的经济状况十分糟糕。1786 年 8 月 20 日，他把这一情况告诉了路易十六。当年的财政赤字大约是 1 亿里弗尔，而全部财政收入只有 4.75 亿里弗尔；1782 年经济困难期间第三次建立起来的二十分之一税（vingtième）制，也将于 1787 年期满；1776 年以来已经欠下债务 12.5 亿里弗尔，所以即使是付高额的利息，也很难再借到更多的钱。只有大胆改革才能暂时遏制全面垮台的趋势。[135]

---

① 格拉布街（Grub Street），又名寒士街，是旧时位于伦敦西区穆尔菲尔兹（Moorfields）的一条街道，曾为穷困潦倒的独立作家、新闻记者和出版商的聚居地。

自此，一系列事件接踵而至，这些事件导致了 1789 年 5 月 5 日凡尔赛三级会议的开幕：旧制度由来已久的财政问题是法国大革命的直接导火索[45]。关于大革命爆发前的这三年所发生的一切，已经有很多的著述，因此在这里没有必要再赘述。本节讨论的焦点是旧制度最后阶段的社会特征，尤其是资产阶级在其中所扮演的角色。

传统解释认为，危机发生的实质在于君主制赖以存续的改革与其所仰仗的特权阶级的利益之间的旧矛盾。后者同前者完全势不两立，因此，"每一次改革派大臣想要促使国家实现现代化时，贵族便站出来捍卫自己的特权"（阿尔贝·索布尔）[24]。但是，这一次，王室的财政问题在北美战争之后变得非常严重，因此，改革不得不
44 坚持下去。以此激起的贵族反抗比往常更加猛烈，可以说是拼尽全力的反抗，这一切为资产阶级的参与开辟了道路。资产阶级像步兵跟在坦克后面一样闯了进来，将封建精英之间的争吵变成了一场革命。

关于此次改革还要谈及一些事，当然，不会涵盖所有的事，但至少需要陈述三个重要条件。首先，准备实现现代化的君主政体和反动的特权阶层之间并非简单的对立关系。正如让·埃格雷（Jean Égret）所表明的那样，显贵会议（Assembly of Notables）——1787 年 2 月召开，讨论卡洛纳提出的改革问题——并不受当时顽

固的保守派的掌控。例如，大会一致同意废除财政特权。他们与国王及国王顾问之间意见不合的地方在于改革方法。显贵们绝不是要创造一个更有效、更稳固的绝对君主制，而是要充分利用这次大好时机将它废除。因此，显贵们与王室合作的前提，正是后者承诺绝不再回到过去那种混杂着专断和无能的旧政体当中[135]。他们的顽强抵制导致卡洛纳于 1787 年 4 月被免职，但这并不是一种反动行为。德尼·里歇（Denis Richet）在其简明、系统的阐述中这样说道："卡洛纳的失败是威权派改良主义的失败。自由主义的时代已经到来。"需要点明的是，无论是卡洛纳被贬黜，还是自己的宠臣布里耶纳（Brienne）被任命，玛丽·安托瓦内特都在其中发挥了重要作用。布里耶纳最早的也是最坏的决定之一便是拒绝干预普鲁士对荷兰共和国的入侵，历史证明这一决定带来了惨重的后果。甚至玛丽·安托瓦内特本人后来也承认这是一个可怕的错误。[84]

同样，自由派决意在王室做出让步、开启彻底的结构性改革之前绝不对其妥协。正是这样的决心使得高等法院对卡洛纳的继任者布里耶纳进行审判，使其遭受磨难。当然，我们很难确知其动机，但至少在高等法院要求召开三级会议，或是宣布自身的课税同意权（征税须经高等法院同意）受王国基本法保护时，自由派的目的似乎颇为明确：他们不仅仅是在保护狭隘的阶级利益，也是在提出一些自己认为对民族利益至关重要的原则。

不用说，并不是所有的法国贵族和教士都是富有热忱的格莱斯顿[1]式自由派。他们中间不乏“从未有一
45 丝”改变的反动分子，俨然和雅各宾派的言论中、查尔斯·狄更斯（Charles Dickens）的《双城记》（*A Tale of Two Cities*）中，以及阿尔贝·索布尔的《法国大革命史》（*History of the French Revolution*）中的那类贵族不相上下。即便如此，在这一时期激进煽动者的先锋队伍当中，贵族的数量仍然十分惊人。在1788—1789年的冬天，一个名为“三十人委员会”（Society of Thirty）的团体定期聚在一起，协调反对派在三级会议中的选举活动。该委员会的领导者几乎都是贵族，其中包括艾吉永公爵（Duc d'Aiguillon）、拉罗什富科公爵（Duc de La Rochefoucauld）、洛赞公爵（Duc de Lauzun）、拉法耶特侯爵（Marquis de Lafayette）、孔多塞侯爵、三位拉梅特伯爵（Comte de Lameth）、米拉波伯爵和诺瓦耶子爵（Vicomte de Noailles）。在55名身份确定的成员中，只

---

[1] 威廉·尤尔特·格莱斯顿（William Ewart Gladstone，1809—1898），英国自由党政治家。1868—1894年间，他先后四次出任英国首相。历史学家常赞誉他为英国最伟大的首相之一。

有 5 人是平民。[139]

其次，1789 年贵族抱负的性质还须做进一步界定——这非常重要——而借助陈情书，即全国各大法官管辖区起草的、递交给三级会议的抗议书，可以揭示贵族的抱负。一个非常棘手的问题是三级会议是应该按照等级投票（教士和贵族因此可能会占有多数投票权），还是应该按照人数投票（第三等级因此会占有多数投票权）。然而，贵族非但没有同仇敌忾地反对第三等级，相反内部出现裂痕。陈情书中只有 41.04% 支持按等级进行强制性投票，时常引发激烈的争论，投票的获胜方也很难取得显著多数。陈情书中又有 38.76% 积极支持或至少愿意接受按人数投票。其余的陈情书虽然选择按等级投票，但也同意采用灵活的原则，还有陈情书认为投票方式可以因事而异（倡议某些事项按等级投票，其他事项按人数投票）。[52]

更令人吃惊的是，在法国应如何进行改革的问题上，贵族和第三等级的观点出奇地一致。表 1中展示的是具有代表性的自由派诉求。它表明，如果说有什么不同的话，那就是贵族甚至比他们的资产阶级同僚更加开明。当然，由此并不能推断出两个截然不同的阶级之间的任何冲突。这类表格为修正主义者提供了贵族阶层和非贵族阶层的精英分子在大革命前相融合的最好证据。

46 **表 1　1789 年的自由派诉求**

陈情书所赞成的事项	贵族的比例（%）	第三等级的比例（%）
法律面前平等	23	17
废除秘密逮捕令	68.65	74
禁止政府干预司法程序	47	40
推行人身保护法	40	31
为被告安排辩护人	24	35
坚决主张在允许进一步征税前制定宪法	64	57
划分国王与三级会议间的立法权	52	36
只给三级会议立法权	14	20
三级会议的例会制度	90	84
议会豁免权	24	16
三级会议控制税收	81	82
财政公平	88	86
内阁对三级会议负责制	73	74
全面实行立宪制度	62	49
出版自由	88	74
贸易自由	35	42
废除专卖制度	59	72
更多的经济自由	45	66
废除封建领主权	14	64

[30，52]

很显然，两大集团都希望以同样的方式解决国家问题，即在确保双方利益的情况下，温和、平稳地过渡到现代君主立宪制。[30]

不仅如此，贵族的行为的确与其开明的言论相一 47
致。正如前文所指出的那样，1788—1789年的冬天，恰恰是贵族在“三十人委员会”中起主导作用。而自三级会议召开以来，也恰恰是贵族在其中起主导作用。约有90名贵族代表可以归为自由派，占代表总数的三分之一；如果算上其他两个等级中的政见相同者，自由派人数就更多。他们很快便做出了一番成就：米拉波伯爵出任了国民议会（1789年6月17日由三级会议改名而成）的主席，拉法耶特侯爵成为巴黎国民自卫军（National Guard）的第一任指挥官，诺瓦耶子爵于1789年8月4日提出了废除“封建主义”的法令，塔列朗（Talleyrand，既是贵族也是主教）提出了教会土地世俗化，几位拉梅特伯爵帮助建立了雅各宾俱乐部，等等。

这些成就都广为人知，但有一点却常常被人忽略，即贵族在瓦解君主政体最后一道防线——军队——中所扮演的核心角色。七年战争的惨痛失败导致军队士气低落；国家施行的外交政策不符合自身认知的国家利益，让他们感到不满；变化无常的军事制度令他们窝火；允许富有的年轻人用钱搭起晋升阶梯的买官制度，引起他们极大愤恨：到18世纪80年代晚期，军官团体已经完全对旧政体产生了隔阂的心态。[140]

1787年年初，吉贝尔伯爵（Comte de Guibert）——法国军队中最不受待见的人——试图再次发起制度改革，军队被迫奋起反抗。在公开阻挠制度改革的队伍中，打头阵的是拉梅特兄弟、拉法耶特侯爵和洛赞公爵这样的人，他们很快便作为革命政治家闻名于世。的确，单单担任军官的自由派贵族的人数就足以令人惊讶：除了前面列举的名字外，还有克莱蒙－托内尔（Clermont-Tonnerre）、拉罗什富科－利扬库尔（La Rochefoucauld-Liancourt）、拉罗什富科－昂韦尔（La Rochefoucould-Enville）、诺瓦耶、艾吉永、狄龙（Dillon）、米拉波以及其他许多人。[79] 因此，当国王试图利用军队镇压1788—1789年的动乱时，很多军官根本靠不住，以致镇压没有成功。正如拉法耶特所见，正是军官们“拒不服从的行为给他们的士兵上了第一课”[79]。回想起当时凡尔赛会议
48 上多于四分之三的贵族代表——278人中的221人——是军官，而且还有11名贵族军官与第三等级的人坐在一起，有人可能会认为，法国大革命某种程度上就是一场军事暴动。正如安托万·里瓦罗尔（Antoine Rivarol）所述：“军队叛变本身就是法国大革命，而并非法国大革命的其中一个缘由。”[79]

如果贵族和资产阶级的上层是如此团结一致，志在看到旧制度实现温和、平稳的转变，那么，现在必定会有人问，为什么第三等级的领导人还会使用如此充满敌意的语言来反对贵族，而马莱·迪庞①又怎么可能早在1789年就做出以下为人广泛引用的评论："公开辩论已然发生了变化。现在，国王、专制主义、宪法已退居二线，变成了第三等级和其他两个等级在相互较量。"答案可以从巴黎高等法院做出的决议——三级会议必须按照其上一次即1614年召开的形式召开——所引发的冲突中找到。这个决议使得许多新晋贵族被排挤到第三等级，因此他们对这种情况心生怨恨。[36]这也使得"三十人委员会"中的自由派贵族竭力鼓动废除"1614年的形式"，结果这一运动却适得其反：特权阶级的保守派受到刺激之后，更是打着"绝不让步"的旗帜死死坚持着自己的立场。[1]所以，这场冲突实际上是人为因素导致的，并不是真正的利益冲突。虽然如此，可还是需要等到多年后，这一裂痕才得以弥合，贵族和资产阶级的精英分子才以大革命后显贵的身份重新聚集在一起。

---

① 马莱·迪庞（Mallet du Pan，1749—1800），出生于塞利尼（Céligny）的一个新教家庭，现代政治新闻的先驱。他曾担任《法兰西信使》的编辑。在法国大革命期间，他为保王党效力。

这样的滞后是由使得法国大革命如此激进、如此猛烈的同一股力量引起的。突然之间，在全国范围之内民怨沸腾。尽管大众的不满是针对社会与经济，但他们寻求补偿的举措却产生了深远的政治影响。关于该危机多种多样的起源，无论是长期的还是短期的，已经有许多学者做出了十分详细的研究，因此这里只给出最精简的概述即可。

旧制度发生社会经济危机的原因有很多，如果非要挑出一个最重要的原因的话，恐怕非人口压力莫属。18世纪法国的人口增长率不到30%，按当时的标准来说，这其实并不高（例如，英国的人口增长率是法国的2倍
49 多）；但是相对而言，即使是在18世纪人口开始增长之前，法国仍是一个人口稠密的国家。[61] 只要还有荒地可以开垦耕种，只要收成仍然不错，只要商业和制造业依然保持上升势头——正如该世纪中叶的一般情况那样，尽管偶有下跌——剩余产品的消化就不会太难。即便如此，当时的趋势仍朝着贫困化方向发展，因为拥有小块土地或者根本没有土地的农民的数量和比例都在不断增长。对所有不能生产出自己及家人所需食物的人来说——换句话说，对绝大多数人来说——他们的生活标准正在下降，因为供需规律在压低劳动报酬的同时还会提高食品的价格：18世纪30年代至1789年间，物价上

涨的速度是工资增长速度的3倍。

自18世纪70年代末起，这一趋势丝毫没有变缓，甚至因为商业的衰退变得更加严重；商业的衰退影响了除殖民贸易外的所有经济领域。整整十年都十分困难，生存危机引起了1775年的“面粉战争”（flour war），这是法国大革命前最严重的农民起义。由于作物大丰收和生产过剩，三年后葡萄酒的价格暴跌，正是这一事件拉开了农民所遭受的长期苦难的帷幕。葡萄酒对大量农民来说，是非常重要的农业商品，因此这一灾难严重波及了其他经济领域。

在18世纪80年代中期，这一持久的问题又为恶劣的气候所加剧：恶劣的气候摧毁了各种饲料作物和依赖于这些作物的动物，也使经济作物和依赖于它们的生产商遭受严重损失。在这一前工业经济中，占主导地位的农业和制造业中的任何一方出现问题，都会自动而又迅速地波及另外一方。食品价格的暴涨不仅会使得人们对制造业商品的相应需求暴跌，也必然会导致劳动力需求同样骤然缩减，而恰恰在这时，农民和城市劳动力比以往任何时候都更需要工作来应对更高的物价。某些幸运的农民能够生产多于他们生存所需的粮食，只有这些人才会在这种条件下兴旺发达起来——但他们却是极少数。不仅如此，在18世纪80年代晚期，还有一些特殊 50

问题危害着社会经济，其中包括1786年的《伊登条约》(Eden Treaty)，该条约为英国竞争者打开了法国市场；也包括法国与西班牙具有破坏性的贸易纷争；还包括俄国与瑞典之间的波罗的海战争，该战争掐断了法国在普鲁士和波兰的粮食来源，而这时正是法国最需要补给的时候。

当时的人们确信，贫穷及相关问题在18世纪80年代日趋恶化，且所有的迹象都表明他们是正确的。最显而易见、最令人惊慌的迹象是社会边缘人群的迅速扩大，即弃儿、妓女、乞丐、流浪汉和犯罪者迅速增多。匪帮的数量之多、群体之大和手段之凶暴超过了以往任何时候，他们以拦路抢劫、入室盗窃和敲诈勒索威胁着农村地区的治安。[64] 在巴黎盆地，该问题尤为严重，因为在生死存亡之际，大多数季节性外出打工的劳动者很容易从临时工变成乞丐和罪犯。[144]

1788年夏天，最后一场灾难侵袭了既饱受贫困摧残又对社会暴力习以为常的旧制度。32个财政区中有27个区粮食歉收，从而造成了范围与严重程度都前所未有的生存危机。结果，物价在恰恰应该下降的时候却开始上涨，且在1788年过渡到1789年的整个秋季和冬季持续上涨。据估计，如果一磅面包的价格维持在两苏(sou)以下，一个在巴黎工作的人就能勉强维持家庭生活在温饱线之上；但到 1789 年 7 月，面包的价格却涨到了一磅四苏。[17] 或许更能引起人民骚动的是人们对“饥荒协定”（*pacte de famine*）的普遍怀疑，他们认为这是政府和粮食商人通过牺牲人民来发家致富的一大阴谋。

三级会议的即将召开、围绕代表选举的激烈争论以及对陈情书中申诉内容的讨论，所有这些消息都使社会情绪升温发酵。整个法国，不论是在城市，还是在农村，暴动都在增多。随着 1789 年 7 月乡村爆发“大恐慌”（Great Fear）以及巴黎人民攻占巴士底狱，暴力的宣泄达到高潮。正是在这个节骨眼上，军队靠不住造成的灾难性后果得以完全显现。如果路易十六能解散三级会议（或“国民议会”，1789 年 6 月 17 日以后它如此自称）并恢复巴黎秩序的话，那么，他很有可能阻止政治危机同社会经济危机合流，从而规避最为致命的结局。 51
当然，强制性举措并不能解决君主政体的财政问题，但它很可能赢得极其重要的喘息机会，因为一旦获得新的丰收，社会的激烈情绪就会降温。

以上只是猜测。即便 17 000 名士兵组成的临时军队（他们属于典型的在错误的时间身处错误的地点）能从前线撤回来，也只不过会让事情变得更糟。一方面，他们聚集的消息会让人们的激烈情绪超过沸点；另一方面，由于害怕兵变，政府不会启用他们。[136] 革命群众攻打巴士底狱，并不是为了释放政治犯或捣毁旧制度的象征，而是在寻找武器和弹药来武装他们新组建的准军事力量——国民自卫军。1789年7月14日这一天的确很重要，它标志着旧制度最有价值的资产——旧制度纪律严明的武装力量——失去了垄断地位。一旦这种垄断地位被打破，法国大革命的势头就难以遏制了。[143]

（二）法国大革命与新秩序

"凭着他们的果子，就可以认出他们来。"（《马太福音》7：20）从表面判断，检验法国大革命社会性质的一个显著方法是分析革命者在夺取政权之后的作为。可以肯定，这可以揭示出他们在旧制度下怀有的不满和愿望的性质。不幸的是，人们似乎很清楚——至少修正主义历史学家很清楚——革命者的意识形态实际上是在革命危机中，以及在1789年急转直下的形势下形成的。陈情书提供的证据表明，启蒙运动没有创造出革命精神，大多数人主张温和改革，很少有人会想到法国大革命会如此激进。正如乔治·泰勒（George Taylor）秉持的观点："革命的思想状态——表现于《人权宣言》和1789—1791年的法令中——乃是始于1787年的一场危机的结果，而不是其原因。"[137] 简言之，不是革命者造就了法国大革命，而是法国大革命造就了革命者。[1]

然而，即便情况果真如此，用弗朗索瓦·傅勒的话来说："这场革命事件，从它爆发的那天起，就彻底改变了以往的形势，并且开创了一种超越当时形势的全新历史行为方式。"[35] 从法国大革命实际上做了什么来考虑，既合理又有必要。一旦有人这么考虑，那么他一定会为法国大革命给资产阶级带来的巨大利益而感到震惊。无论在国家还是在地方的层面上，资产阶级都从新的政治秩序中获得了最多的利益。按照财富的由少到多，全体公民被分为三类，即"消极公民""积极公民"和"符合选举条件的选民"。这实际上赋予了富人政治权力。从理论上讲，这样一个基于物质财富的简单标准应该同样有利于贵族，但是事实上，在法国当时划分的83个省的政治生活中基本已经看不到他们的身影。[12] 大量的区域性研究几乎在所有方面都强调大革命时期法国社会成分的异质性，同时也详尽地证实在一个又一个的社群中，都是资产阶级手握控制权。当然，资产阶级并不是一个固定的群体。相反，曾经的新人会被更新的人代替，结果导致在18世纪90年代的革命进程中有大批新人获得 52

了某种直接的政治经验。[154]

不论是从社会地位，还是从阶级意识上讲，我们都可以宽泛地将这一新的政治阶级定义为马克思主义观点中的“资产阶级”。尽管在经济功能方面各不相同，但这一阶级的成员的确拥有生产资料，不论是以资金、技术、工具的形式，还是以土地的形式。尽管政治理念也各不相同，但这一阶级的成员确实团结在一起，共同反对封建主义、贵族统治和绝对主义。不幸的是，宽泛地将其定义为“资产阶级”，难以让我们深入研究这一阶级。如此笼统的分类无法将激进的共和主义者与温和的保王主义者区分开来，也不能适应以下尴尬的事实：从经济层面讲，法国最先进的地区往往是右翼的集中地，而激进的共和主义者却集中在资本主义经济最欠发达的地区。[154]

然而，国民议会的社会和经济政策显然也偏向于资产阶级。在该政策下的精英社会里，只有有钱有势、受过良好教育的人才会占得先机。革命者使用的修辞或许带有普世色彩——甚至可能笃信他们的行为符合所有人
53 的利益——但一眼便知是谁获得了最多的利益。即使是所有革命文件中最具普世性的纲领性文件，即《人权和公民权宣言》，也宣称私有财产神圣而不可侵犯（这对大多数没有财产和没有希望获得财产的法国人来说

是一条无关紧要的原则）[24]。国内税收壁垒的废除、贸易垄断权的废除、统一度量衡制度的推行、为出售国有产业[①]所采取的措施、废除行会的阿拉尔德法（Allarde law）和宣布工人协会非法的勒霞不列法（Le Chapelier law），所有这些都促进了资产阶级利益的发展。在更具象征意义的层面上，废除贵族头衔，废除诸如佩带武器和夸示纹章这样尊贵的贵族特权，推介“公民”作为正式的称谓，还有很多其他具有象征意义的变革，所有这些结合在一起，提高了资产阶级的社会地位。

但是，这些变化仅仅是促进资产阶级利益的发展吗？难道锐意进取的贵族没有从废除旧制度限制中同样——甚至额外——受惠吗？贵族中也有有权有势且接受过良好教育的人，而且他们的权势与受教育程度确实高于他们的大部分资产阶级竞争者。作为不再享有诸多尊贵特权的交换——他们当中许多人根本就不看重这些特权——提升政治地位与物质水平的无限机遇就摆在他们面前。当然，许多贵族认为法国大革命是魔鬼在世间显灵，在大革命期间他们甚至无法在法国生活。但他们之中不光有高调移居国外的阿图瓦伯爵之流，仍

---

① 国有产业（*biens nationaux*），指法国大革命时期为确保国债而没收的教会和流亡贵族等的财产。

有许多人留在国内，以随遇而安的态度继续生活。只有7%—8%的法国贵族移居国外，且他们当中不是所有人都可以明确归为反动派。[151]

人们总是关注移居国外的贵族的数量，却没发现积极支持法国大革命的贵族的数量更为惊人，即使是在法国大革命最恐怖的阶段，这一数字都非常惊人。军官团体——一个最自觉地笃信旧制度价值观的团体——的经历可以对我们的理解有所启示。可以确定，战争爆发时，约有60%的军官已移居国外，但令人印象更为
54 深刻的是，仍有3 000名军官留在国内。1792年率先取得大捷并征服领地的革命军队就是由旧贵族迪穆里埃（Dumouriez）、孟德斯鸠和屈斯蒂纳（Custine）统率的。[136]尽管历经清洗，但在1793年9月，仍有900名贵族军官在服役。这个数字虽然在共和二年的恐怖统治时期（1793—1794年）大大减少，但在1795年又上升到1 000多人，其中有100人身负上将重任。[151]

在文官方面，情况也出奇一致。在国民制宪议会（Constituent Assembly）选举出的58位主席中，有31位是贵族。[30]在随后的立法机关中，贵族代表虽然数量明显减少，但却依旧存在。甚至在废除君主政体之后，仍有40位贵族留在国民公会（National Convention）中，其中有很多人非常激进，也有很多人是公会的中流砥柱［孔多

塞、凯尔桑（Kersaint）、巴拉斯（Barras）、埃罗·德·塞谢勒（Hérault de Séchelles）、苏布拉尼（Soubrany）、勒佩勒捷·德·圣法尔若（Le Peletier de Saint-Fargeau）]。[151] 甚至可以用反革命者的经历来表明贵族对法国大革命的支持是多么坚决。例如，1794—1795 年法国西部的反革命领导人皮赛伯爵（Comte de Puisaye），直到 1793 年夏天之前还一直给予法国大革命积极的支持：他以自己庄园里的树木作为象征自由的图腾柱（totems），做当地爱国者子女的教父，领导当地国民自卫军，并且参加国民公会的选举。

到皮赛伯爵背弃法国大革命时，法国已进入共和二年的恐怖统治时期（1793—1794 年）。关于这一时期的激烈争论此起彼伏，大量以此为题材的著述也不断问世。如阿尔贝·索布尔这样的马克思主义者认为，这是法国大革命自然发展且必然经历的高潮阶段，就在这一时期，广大民众在无套裤汉的领导之下驱使胆怯的资产阶级继续完成摧毁封建制度的使命。[24] 然而，对后修正主义者而言，恐怖统治并不是由社会压力引起的，而是法国大革命政治文化发展的必然结果。这是他们的批评中最具争议性的一条论断。而对弗朗索瓦·傅勒而言，这一论断也标志着他思想上的突然转变。在与德尼·里歇合著的法国大革命通史（法文版于 1965 年出版，英文译本于1970年出版）中，傅勒认为，恐怖统治的本质是偏离常轨的，是一种对事出紧急的非常态势做出的非常反应。1793年春季的军事失败，随之而来的外国入侵
55 的威胁、经济形势的急剧恶化和反革命的暴动，所有这些凑在一起，才导致这场恐怖主义运动在全国爆发，目的是调动国家剩余的每一分人力和物力来保卫法国大革命的成果。到1794年夏，这一目标已经实现，这时返回到正常状态的道路也就变得十分明了。正如傅勒和里歇写的那样："这不是革命进程中不可避免的部分，共和二年的独裁统治带有偶发事件的所有特点，带有一个陷入绝境的国家的所有特点。"[6]

与上述论断相比，傅勒在1988年出版的《革命的法国》(*Revolutionary France*）一书中的观点已发生变化。该书写道："导致恐怖统治的政治文化就出现在1789年夏天以来的法国大革命中。"[7]他评论说，法国大革命最初要求团结，同时它又坚信贵族阴谋的存在，两者之间的辩证对立使得恐怖统治势不可挡地发展起来。从根本上说，大革命的政治文化是非多元化的，也就是说，它并不接受革命队伍内部意见不统一的情况：如果革命者之间存在着分歧（显然实际上总是存在分歧），那么，这只能是反革命者散布的谎言导致的结果。只要彻底清除内部的敌人，原本的一致性就能恢复。西蒙·沙

玛（Simon Schama）对恐怖统治做出了一个类似却更加直截了当的解读。他强调，暴力从一开始就是法国大革命的核心："正是它使得法国大革命具有革命性。"因此，共和二年的大屠杀并未偏离常轨，而是"1789 年的重演，只不过死亡人数更多"而已。[10]

关于后修正主义者对恐怖统治的分析，当然还有许多话要说。将恐怖统治看作对危急形势的一种应激反应（在这种情况下，恐怖统治便可以得到原谅，因为非常情况就需要非常手段），这一假定忽略了现实中令人尴尬的时序性，即恐怖统治在来自外部的军事威胁解除之后很久才达到顶峰。法国大革命的政治文化缺乏多元性，的确与英国或美国的情况有着明显的区别。如果暴力镇压看似有利于实现他们的目标，革命政治家们便愿意容忍甚至鼓励使用种种暴行，这确实让暴力得以常态化。另一方面，1789 年的政治活动和 1793—1794 年的政治活动之间存在着明显的差别。近年对 1789—1790 年司法程序的考察发现，革命时期的当局对他们的左派和右派对手的态度都有所克制，甚至称得上宽容。如果当时确实有多元性存在的种种迹象，那么它就是存在，且革命的自由阶段也存在。[167] 56
如果体会不到 1789 年与后一阶段的恐怖统治在质和量方面有什么不同，那么就很难理解关于恐怖时期的部分论述，例如沙玛对恐怖统治所作的生动精彩而又摧折人心的描述。

如果赞成“法国大革命战争”（French Revolutionary Wars）的起始年份是1787年，而非1792年，那么，一部分问题便会迎刃而解。正是在1787年8月，随着土耳其对俄国宣战，欧洲国家体系开始发生沧桑巨变。[11]法国大革命开始时只是这场剧变的一部分，且从一开始就受到该剧变的决定性影响［布兰宁于9，143］。例如，在1789年7月最后两周席卷整个法国乡村且最后导致国民制宪议会废除“封建制度”的“大恐慌”（或称暴动浪潮），是由人们的以下信念点燃的：他们深信战争即将降临法国——奥地利人将从北面入侵，由阿图瓦伯爵指挥的瑞典人将从东北面入侵，由德意志亲王们支持的逃亡贵族将从东面入侵，萨伏依人（Savoyards）从东南面入侵，西班牙人从西南面入侵，英国人从海上入侵。[10]虽然异常的恐慌确实毫无根据，但是，阴谋论依然在革命者的脑海里挥之不去，尤其是因为当时确实存在着阴谋活动。特别是那些逃亡贵族不知廉耻的反革命活动，使得国内冲突和国际冲突对彼此的恶性影响持续不断。结果，大革命的政治文化充斥着对国际形势的反映，比如当时最流行的歌曲之一《这就好》（*Ça ira*）所唱的：

奥地利的奴隶也将死去，
啊，这就好。
还有他们所有该死的同伙
都将见鬼去，
啊，这就好。

不论我们认为恐怖统治是暂时脱离正轨，还是认为它是法国大革命的政治文化不可缺少的组成部分，它的主要受害者显然都是资产阶级商人和制造商。事实上，若仔细考察其中的受益人，我们便会对法国大革命的资 57
产阶级性质产生进一步的怀疑。找出这些受益人并不简单。如果将1799年看作一个有利时刻，能在物质方面从大革命中受益的团体可以说只有国有产业的购买者和军队（或者，更确切地说是那些已在军队中获得晋升并生存下来的人）。无疑，资产阶级是前一个团体中的佼佼者。最初的制度对小资产者有利——购买者必须先付价格的12%，然后在十二年间每年以5%的利息进行分期付款。后来制度发生变化，提高了首付款，缩短了偿还期并提高了利率，结果只有相对富裕的部分农民——当然最主要的是资产阶级——从该制度中获利。[62] 正如德尼·沃罗诺夫（Denis Woronoff）所指出的那样，当18世纪90年代末期尘埃落定之时，“正是商人、实业家、律师等在各省行政官员的偏帮下，在这一场竞赛中大获全胜”[169]。然而，自相矛盾的是，这种成功的机遇只能更坚定法国资产阶级偏爱产业主财富的保守思想。废除官职买卖和大量土地可供买卖结合在一起，只能使得土地——而不是制造业、金融业或商业——更受资产阶级投资者的喜爱。

的确，法国大革命创造的经济条件极不利于资本家的投资。在那些因法国大革命而蒙受损失的长长的名单中，资产阶级资本家最为显眼。对他们来说，18 世纪 90 年代是极为艰难的年代。新政体的货币政策作为一个特殊问题长期困扰着他们。不顾一切后果地印制钞票，引发了恶性通货膨胀，并于 1796 年达到高潮——这时印刷指券（assignats）的成本已经比指券本身的价值还要高。但是，废除纸币之后，紧接而来的便是严重的通货紧缩、农产品价格下跌、现钞紧缺和高额利率，也给工商界带来了许多问题。这些问题虽各不相同，但却同样严峻。[51]

战争大大增加了对纸币的需求，并且中断了原材料的供应，封锁了进入外国市场的通道，是制造业陷入衰退的罪魁祸首。一个又一个纺织品制造中心大
58 声疾呼，它们的产量已急剧下降：1789 年里昂的纺织机已有 12 000 架，但到 1802 年只有 6 500 架；卡尔

卡松（Carcassonne）的产量从 60 000 匹布下降到仅 17 000—18 000 匹布；到 1801 年，勒芒（Le Mans）的梳棉机（*métiers battants*）从 1788 年的 274 架减少到 100 架，产量也在同比下降；在布列塔尼的亚麻布生产地区，产量在这十年中至少下降了三分之一；在马赛（Marseille），工业生产值自 1789 年之后下降了四分之三；等等。[174] 近年研究法国纺织业的历史学家做了如下的总结：

> 法国大革命可谓是用尽所有能想到的方式给法国纺织品贸易带来了灾难：货币流通的混乱，服装潮流的急剧变化，外国顾客的流失，原材料的严重短缺。成千上万的农民被迫放弃这种贸易，破产吞噬了数以百计的商人家庭。[70]

从事海外贸易的商人也陷入了相似的困境，法国的经济状况由此进一步恶化。当英国于 1793 年 2 月加入战争时，法国的港口便遭英国皇家海军封锁。统计数据表明海外贸易的损失甚至比制造业更加骇人：到 1797 年，法国只剩 200 艘远洋船，仅相当于 1789 年总量的十分之一；到 1799 年，即使是这时的比利时及其相对先进的经济被并入法国，法国的出口贸易总额也只有 27 200 万法郎，仅为1789年的一半；在1789年，法国的对外贸易占国家总产值的25%，但到1796年时已下降到9%；等等。[18, 163]

制造业和商业的这种急剧衰退导致了两大现象，可粗略称之为去工业化和去城市化。特别是18世纪依靠这些港口高速发展起来的工业腹地，出现了制造业萎缩这一明显的经济变化。[146] 尤其在法国大革命已经废除了多种形式的产业主财富的时期，寻找其他谋生的手段变得极其困难，这一点可以从主要城市的人口下降中得到反映。1789年至1806年间，巴黎的人口从65万多下降到58.1万，马赛的人口从11万下降到9.9万，波尔多的人口从11万下降到9.3万。[58]

59 这一资产阶级革命似乎很另类，因为它对最先进的——经济上讲，是资产阶级的——行业造成了如此沉重的打击。这是一个必须谨慎对待的论点。摧毁旧制度和建立新政体的革命者不会知道，在1792年4月，他们将卷入一场持续近四分之一个世纪的战争。与此相反，革命者的早期外交政策完全是主张和平的。直到1791年秋天，由于布里索派（Brissotins）的野心、王室的背叛、奥地利人和普鲁士人的失算，战争爆发的可能性才开始增加。[142] 正如诺曼·汉普森所言，一旦革命者发现自己“正试图用前工业社会的手段为一场 20 世纪式的战争蓄力”[150]，这种耗费巨大的做法必然会对经济造成严重破坏。总之，我们不应该根据结果推断动机。

对弗朗索瓦·傅勒或林恩·亨特等后修正主义历史学家来说，追究法国大革命是否促进了资产阶级社会和经济的形成，相当于“提出了一个不恰当的问题”。现在是时候回到前面提到的话题了，即研究政治文化的历史学家所探讨的“话语形式”不应该仅仅被看作潜在利益的反映，它们本身就是真实的。傅勒及其追随者反对马克思主义者秉持的社会经济基础和政治（或文化）上层建筑的二分法，公开主张政治的自主性。他们的方法不是考察社会阶级或经济趋势的发展，而是用图表说明“象征、语言和仪式在创造与传播革命行为传统方面的重要性”[155]。在焚毁旧制度的熔炉中如此迅速地建立起来的新政治文化，不是由阶级冲突驱动的，甚至也不是由各利益集团之间的冲突驱动的。它的特殊动力来源于一种为占有革命合法性的象征而开展的竞争。一方面，同卢梭一样，革命者认为，人民的权力不能屈就于代表制的间接形式。另一方面，他们不得不承认，在法国这么大的一个国家中，直接的民主是不可能实现的。摆脱这种窘境的唯一方法是让政治领袖以体现民众意志的修辞来表达自身。这就是为什么应该如此多地关注法

60 国大革命的语言、象征和仪式——用一个词来说，就是大革命的“话语”——通过这些“话语”可以找到大革命发展的秘密。换句话说，政治斗争的语言和仪式不仅仅是某种更深层的社会现实的外部体现，它们本身就是真实的存在：

> 法国大革命……开创了一个世界。在这个世界里，政权的表现形态就是行动的中心，符号的管道就是政治的绝对主宰。关键在于弄清谁代表人民，或者谁代表平等，谁代表民族国家：谁有能力占领并保持这个象征性地位，谁就取得胜利。1789年至1794年间的大革命历史，可视为从折中的代议制原则向舆论统治的全面胜利的极速转变时期：这是一个合乎逻辑的演变，因为大革命在发轫之初就靠舆论获得了权力。[35]

因此，对那些要诠释和表达人民意愿的人来说，革命政治是一场永无休止的殊死搏斗，正是这种为取得话语合法性而展开的竞争使得法国大革命本身就带有不稳定性因素。[132] 这种诉诸事情发展必然性的说法未免显得过于决定论，尤其是未考虑到战争这一不稳定性因素。18世纪90年代绝大多数大动乱——布里索派的兴起、布里索派的灭亡、君主政体的灭亡、果月政变（*coup d'état* of Fructidor）和雾月政变（*coup d'état* of Brumaire）——很大程度上都是由战争前线的事变引发的。[143]

如果政治有其自主性，那么性别也有自主性。这一研究大革命的方法虽兴起不久，但已经取得了一些有争议性但却耐人寻味的成果。一个强有力的论点认为，女性在旧制度末期就已经走上解放自我的道路，她们对沙龙的管理就是典型的例子。18 世纪 80 年代女性管理角色的衰落和男性专有社交活动的出现，标志着女性解放的衰退："18 世纪 80 年代对沙龙管理方式的反叛预示了 1789 年对君主政体的反叛。当时文人共和国（Republic of Letters）中的男性青年公民组成了他们自己的社团。这种社团以男性自我管理的幻想为 61
基础，将女性的中心管理角色剔除，并将她们还原为男性欲望和男性学习的对象。"[109] 接下来，法国大革命延续了男性的这一反击，将女性降为二等公民，并压制她们成立组织的所有企图 [156]。然后，拿破仑以其臭名昭著的性别歧视法典完成了征服女性的过程。虽然关于这一时期女性角色的黯淡图景，可说的还有许多，但以上悲观论调也不足以全面概括 18 世纪 90 年代女性经历的丰富多样性。女性的确在 1789 年的"十月事件"

（October Days）中找到了一种前所未有的积极介入革命政治的方法。她们同样得益于大革命带来的政治空间的全面扩大，经常带头煽动反革命运动，而在恢复宗教信仰的传统形式方面，她们的表现尤为突出。[149]

第三章

余波：拿破仑及其后的时代

后大革命时期法国的发展特征可用乔治·勒费弗尔的描述概括，即“巨大的自相矛盾”。这个国家尽管经历了“世界历史上最伟大的革命”（卡尔·马克思），但在经济方面似乎没有发生多大的变化。虽然旧制度的政治和社会体制——绝对君主政体、贵族特权、国教——已被连根拔除，但经济仍蜗行牛步，并未受到多少影响。人们固然可以把经济发展的滞后归咎于新秩序刚刚诞生必然会经受的分娩之痛，或者归咎于战争的后遗症，但这样的借口在 100 年以后就难以服众了，因为——正如克莱夫·特里比尔科克（Clive Trebilcock）所写的那样——“到 1900 年，法国的经济明显落后于其他列强。甚至在美好年代[①]的突飞猛进都无法弥补之前一个半世纪缺乏活力与持续性的增长模式”[186]。 62

法国资产阶级即便在 1789 年真正获得了权势，也要慢慢花费时间来利用他们的经济优势，因为法国在 19 世纪的经济增长率远远低于其他工业化国家。那些想证

---

① 美好年代（*Belle Époque*），是法国史乃至欧洲史上相对和平的一段时期，大约始于 1871 年普法战争结束和巴黎公社起义失败，终于 1914 年一战爆发。在此期间，法国社会和平发展，经济环境良好，科技与文化都得到长足发展。

明法国经济最终没有衰退的尝试[173]，都会在通过比较得出的证据面前触礁。19 世纪，在人口方面，法国落于美国、德国、奥匈帝国和俄国之后；在工业生产总量方面，被美国、德国和英国超过；而在人均实际收入方面，则被瑞士、荷兰、比利时、斯堪的纳维亚和大英帝国的几个地区超过。[68, 172] 考虑到英国和德国在经济高速发展的同时仍保留着旧制度的许多特征，可以得出，在进
63 入工业化时代时，法国的革命对于国家经济的发展往好里说没什么影响，往坏里说就是一种阻碍。

有人倾向认为，法国大革命就其结果而言是反资本主义的。但如果没有大革命，法国工业化的速度很可能更加缓慢，而考虑到这点，前面这种倾向就会纠正过来。诚然，英国和德国拥有优越的自然交通条件和丰富的自然资源。但即便如此，在法国大革命前夕，法国和英国的经济水平还大致齐平；而到 1815 年，法国与英国显然已经相差甚远。拿破仑帝国时代的经济复苏不过如此——经过十年衰退之后恢复到旧制度时的生产水平。[184] 只能在保护性关税和法国凭借军事霸权对欧洲大陆其他地区实行经济控制所创造的人为条件下，曾经繁荣一时的产业，尤其是纺织业才能重回繁荣。等到欧洲其他地区重新获得独立，英国商品重新进入法国市场，朵朵温室之花（早已受到 1810—1811 年和 1813—

1814 年经济急剧衰退的摧残）便随之凋谢。正如弗朗索瓦·克鲁泽（François Crouzet）得出的结论："法国［在 18 世纪 80 年代］落后于英国的程度并没有那么惨不忍睹，工业革命可能只比英国晚发生几年。但是，法国大革命和二十多年的战争对法国经济而言却是'民族性灾难'。这场灾难拉大了法国与英国之间的差距，以致后来都无法弥补。"[54]

"民族性灾难"对法国的消极影响一直挥之不去。在 1792 年至 1815 年的战争中，有 130 万法国男人丧生，这使得法国的男女比率大大降低（从 1790 年的 0.992 下降到 1815 年的 0.857），也使法国在欧洲人口里的比例下降。[58] 法国大革命的土地政策只有利于巩固和加强安于自给自足农业的自耕农的主导地位。[45] 政治和社会两极分化酿成了苦果，政体反复不断地出现暴力变革，社会长期处于不稳定状态。传说中法国人誓死不愿投资国内企业的原因，可以在这里得到充分解释。在这一点上，法国与同时期英国（甚至德国）的悬殊既惊人又发人深省。

正是这种不断参照与法国形成鲜明对照的英国经济的做法，引起了一批马克思列宁主义历史学家的批评。 *64*
其中最有影响的非阿纳托利·阿多（Anatoly Ado）莫属，他的代表作——对 1789—1794 年法国农民运动的研究，首次出版于 1971 年[42]——虽然还未从俄文原版翻译过来，但已具有非常大的影响力。这是阿多为其马克思列宁主义同志做出的宝贵贡献，他阐释了长期困扰乔治·勒费弗尔的“巨大的自相矛盾”是如何被克服的。而且，阿多尖锐地批评了勒费弗尔作品中有关农民的某些重要观点。特别值得一提的是，他认为勒费弗尔关于农民革命不是资产阶级革命的组成部分的论断是完全错误的。阿多认为，这一根本性错误导致勒费弗尔得出了同样错误的结论，即农民的纲领在许多方面不利于经济的进步，并因此得出，农民的革命既具有革命性又有其保守性——当然，这就是“巨大的自相矛盾”。[42]

阿多通过区分农民的主观作用和客观作用来解决这一问题。就主观作用而言，农民的言行可能一直表现为反资本主义的、落后的，其目的是保护他们传统的共有权利和组织。但从客观作用上讲，农民对全面摧毁封建主义的诉求、与封建主义的斗争以及最终取得的胜利，都为资本主义的胜利开辟了道路。这是民主的、平等主义的道路，同时也是通往资本主义的道路。他们创造的自由农民财产权导致了资产者和劳工之间的分化，也为资本积累提供了可能性。阿多还特别强调农民运动的关键性作用。它从一开始就不是大革命的附带现象，而是法国大革命的真正原动力：“民众运动在革命危机的蓄势阶段［1788—1789 年］以及危机向革命转化的过程中发挥了最具决定性、最具活力的作用。”[42]

因此，法国的农民运动远不是一种保守的力量，它要多激进有多激进。17 世纪的英国革命只废除了大权贵的封建束缚，而对农民的束缚则保持原样。人们认为公簿持有农并非真正拥有土地，从而为后来的土地征收和“地主土地所有制”打下了基础。而另一端，1789 年的法国大革命果断地摧毁了整个封建制度，并发起了暴 65
力运动。它并不反对农民（与英国不同），而是反对封建贵族，即封建领主。法国大革命不仅使农民从所有封建束缚中解放出来，还通过分配公有土地和出售国有产业扩大了他们的产业。[43]

这一精巧的理论很快被阿尔贝·索布尔及其学生采纳，它的显著价值体现在以下两个方面：既确定了法国大革命是一场资产阶级的革命，同时又不惜以牺牲资产阶级本身的作用为代价提升了民众的作用。索布尔的研究方法历经了长期演进过程，而在每个发展阶段，农民的重要性都较此前有所增加。对此，克里斯托夫·迪佩尔（Christof Dipper）按年代顺序进行过一番总结：在 1962 年出版的法国大革命通史中，索布尔指出，一种农民潮流在法国大革命的总体框架中发展起来。1969 年，他仍只将大革命看作一场“资产阶级革命”，认为“大众阶级一直是其原动力”。但他在1971年则宣称：“农民和大众革命实际上是资产阶级革命的中心，并推动着它向前进。”在评论阿多的书时，他甚至一度抛弃了“资产阶级革命”这个用语，支持称其为“农民–资产阶级革命”。最后，在1978年，他一不做二不休，直接称它为“农民革命”，认为它在农村推动了资产阶级革命，从而为资本主义开辟了道路。[55]

不难看出，阿多和他的法国支持者看待1917年和看待1789年是完全一样的。这就是为什么作为支持理论的引文源泉，列宁比马克思更具说服力。阿多不遗余力地引述这位伟人的语录来支持自己的理论，而索布尔则恼火地喊道：“在我看来，我从不认为《资本论》是《圣经》，也从不认为马克思是先知。人们总能找到并引用马克思、恩格斯、列宁，以及——有何不可？——斯大林和毛泽东语录的一部分去反对其他部分。”[27]值得注意的是，索布尔是在驳斥马克思主义异端的过程中发表这一言论的。

但是，无论多么巧妙地选择什么加以引用，或选择什么进行辩解，马克思对农民评价不高的事实就摆在那里。他认为农民注定会消亡，因为农民就是农民，这是社会进步不可避免的结果，且没有什么可遗憾的，因为
66 农民的生产方式“最为原始且最为非理性”。一种以农民

为基石的经济体，其成员必然会被贴上“原始人阶级”的标签，“这样的经济体会把原始社会形式的所有糟粕同现代社会的所有痛苦和所有苦难交织在一起”。马克思曾经指出：“法国农民现在贫困的原因，正是他们的小块土地、地产的分散，即被拿破仑在法国固定下来的所有制形式。”[20]① 因此，即使马克思有再高的水平和再流畅的语言，他的上述论断都不为阿多－索布尔对法国大革命的解释所容。

正如索布尔所言，马克思主义的著作不应该被当作《圣经》般崇奉，尤其是不能被不可知论者这样看待。然而，对于农民革命其实就是资产阶级革命的观点，有更多的人秉持着反对意见。1789 年以后的很多农民活动，在性质上明显是反革命的，以至于主观认识和客观作用之间的差距大到令人难以信服。值得注意的是，索布尔及其追随者实际上根本没关注反革命；而修正主义者则将反革命置于该阶段的正中心，认为它是一场在范围上可以与法国大革命本身相提并论的群众运动[12]。

马克思主义者有一个观点倒是很公正，他们强调，对 18 世纪晚期的“封建主义”来说，真正重要的是当时

---

① ［德］马克思：《路易·波拿巴的雾月十八日》，中共中央马克思恩格斯列宁斯大林著作编译局译，人民出版社，2001 年，第 107 页。

农民赋予它的意义，而不是它与中世纪祖先的实际（和微乎其微的）关系[22]。但紧接着，他们便夸大了它的范围和意义，使其远远超出了那些农民的理解范围。正如一个又一个区域性研究已表明的那样，起义者绝不仅仅是反对封建主义（或更确切地说是封建领主制度）；即使他们这样做，与其说他们是在反对封建税费本身，不如说是反对这些税费带来的商业剥削。他们不是在反抗反动的封建贵族，而是在捍卫以小农地产为基础的前资本主义经济制度，反对由他们的封建领主——这些日益增多的封建领主都是城市资产阶级——展现出来的农业资本主义倾向。[62, 67] 总而言之，农民革命不是为了支持资本主义，而是为了反对资本主义。

最后这一结论只在主观层面上成立，而在客观层面上——不管农民本身如何——农民都是站在进步阵营里的；要反驳上述论点，就必须考虑法国农业在随后一
67 个世纪中的实际发展情况。阿多及其追随者所没有考虑到的是以下这个无法回避的事实：从封建主义的枷锁中解放出来的农民需要的只是自给自足，他们想方设法规避农业商品化所带来的风险。而且，从客观上讲，即使他们想要使自己的作物商品化，但绝大多数人的机遇严重受制于交通不便这一原始障碍。直到发生运输革命（与铁路建设一起始于19世纪中叶），商品化农业才得

到实现产业化的机会，人们才有动机生产可以买卖的农产品盈余。因此，1820 年的农业产量可能比在 18 世纪 80 年代的还要低。

正如莫里斯·加登（Maurice Garden）所言，在法兰西第二帝国之前，法国 19 世纪的农业历史很大程度上是对 18 世纪的一种重复：只有铁路系统和城镇人口密度发生了变化。它们——不是 1789 年的法国大革命——是这个国家旧制度的真正摧毁者。[60] 法国大革命的立法改变了农民的法律地位——甚至少数幸运者拥有了自己的土地，改善了自身的物质条件——但对绝大多数农村人口的生活方式和思维方式，则没有产生任何影响。

如果说大革命既没有造就也没有加快，甚至有可能推迟资本主义在法国的发展的话 [31]，那么，对社会层面的进一步观察同样会引发人们对大革命激进主义的怀疑。乍一看，废除贵族制度，废除封建领主制度，取缔卖官鬻爵，没收逃亡贵族的财产，推行主张人人平等的法典，以及建立精英领导体制等，所有这些本该导致精英团体的更迭。结果，等到 18 世纪 90 年代中叶的混乱平息之后，情况并没有发生多大变化。1802 年，拿破仑的省级行政长官们（prefects）在编制选举人员名单——实际上是对地方显贵进行调查——时查实，法国大多数最富有的地主仍旧是旧制度时期的贵族 [170]。罗伯特·福斯特公开宣布放弃先前的观点，他评论说："旧制度时期的大地主，不论是贵族与否，并没有被法国大革命摧毁——甚至只是受到了暂时性的伤害。"[177] 拿破仑或许曾经说过不想当将军的士兵不是好士兵，但实际上他更愿意依靠那些拥有独立且稳固的财富的人。他对传
68 统机构所做的唯一重大改革，是增加文职人员的数量并提高他们的地位。其结果是，18 世纪尚在发展之中的、由贵族与平民组成的精英集团，到这时已完全成形。正如罗伯特·福斯特得出的结论：

> 法国大革命后统治法国的精英集团，很大程度上应感激拿破仑的方针。他们基本上都是由地主和高级官员（*hauts fonctionnaires*）组成的显贵，只有少部分是律师、商人和制造商，数量较少，影响也较小。这一精英集团既来自新生力量，也来自旧时的贵族家庭。其中，新生力量是指在财富、教育、家庭关系、地方影响力和政治权力等方面获得成功人士的杂糅体。该集团没有法定的特权，也较少关注出身，唯才是举，自恃为有才能的精英集团。新兴的显贵出身于旧制度时期就统治着法国的家族，他们逐渐形成了一套适应于当时当地情况的社会价值观和处事态度。从 1800 年到 1880 年，甚至在这

之后，虽有一些短暂的中断，他们还是一直统治着法国。[177]

我们很想加上这句评论：事情变来变去，万变不离其宗（*Plus ça change, plus c'est la même chose*）；但是，这样的结束语未免太过死板。因为法国大革命在本质上属于政治革命，所以它对法国乃至世界的政治都产生了巨大的影响。索布尔及其马克思列宁主义同志觉得必须突出 1917 年俄国革命的卓越地位，但经过 1989 年的东欧剧变之后，这一地位就很难保住了。历经两个世纪的磨炼以及通过考验后的政治影响无疑能让法国大革命登上这一卓越地位。林恩·亨特的《法国大革命中的政治、文化和阶级》（*Politics, Culture and Class in the French Revolution*）是给人印象最为深刻、最有影响的后修正主义作品之一，它为这一点提出了具有说服力的理由：

法国大革命的主要成就在于构建了一种全新的政治文化。……法国大革命对经济增长或政治稳定几乎没什么贡献。然而，它确实开发了民主共和主义在民众动员方面的潜力，并营造了革命变迁中催人奋进的紧张气氛。……工业资本主义的发展还是像蜗牛爬行一般慢。相反，在政治王

> 69 国，几乎事事都发生了变化。成千上万的男人，甚至很多妇女都在政治舞台上获得了第一手的经验：他们用新方式交谈、阅读、倾听，他们投票、参加新组织、带着政治目的去游行。革命成了传统，共和主义成了永远的选择。从此，国王没有议会就不能统治国家，贵族对公共事务的主宰只会激起更多的革命。结果，19世纪的法国拥有欧洲最资产阶级的政体，虽然法国从来都不是主要的工业力量。[154] ①

法国之所以从未成为主要的工业强国，一个原因是长期的不稳定，而这种不稳定是大革命民主政治文化的组成部分。在1799年、1814年、1815年（两次）、1830年、1848年、1851年和1870年，法国的政权都发生过突然的更迭。甚至连法兰西第三共和国都历经数次关乎存亡的危机。就算现存政体的存废不再成为政治议题，那也只是在晚近时期方才如此。如果仅以法国最近200年的历史作为判断依据，那么，法兰西第五共和国是否会是最后一个政权还尚未可知。这种动荡不安突出

① ［美］林恩·亨特：《法国大革命中的政治、文化和阶级》，汪珍珠译，北京大学出版社，2020年，第16、230页。

了法国大革命想要获得的非多元的一致性和实际形成的巨大的两极分化之间的反差。政权的唯一出路便是由一位富有威权和个人魅力的领导人来统治，同时需要民主的措辞和仪式给予支持。因此，法国大革命的主要成就不是为资产阶级而是为波拿巴主义（Bonapartism）开辟了康庄大道。下面，我将用对后大革命时期法国较新且较透彻的分析作为本书的结束语：

> 戴高乐的法兰西第五共和国，是自法国大革命以来第一个几乎得到普遍认可的政治体制，这一新政权剔除了王朝统治的弊病，突破了波拿巴主义的“共和君主制”框架，是“法国民主的唯一机会”（米歇尔·德勃雷[①]）。简而言之，结束后大革命时期磨难的，并不是采用“脆弱的”自由议会形式（1789年原则）的革命，而是首次为波拿巴将军所采用的法国特有的“主动威权和被动民主”的结合体。[185]

① 米歇尔·德勃雷（Michel Debré，1912—1996），法国政治家。二战期间，他参与了对抗纳粹德国的法国抵抗运动，后出任法兰西第五共和国首任总理，被誉为法国现行宪法之父。

推荐书目

71 此处只列明在正文中实际引用的著述，以及其他一些特别有助益的文献。研究者了解法国大革命史学研究进展的最佳途径是阅读期刊《法国历史研究》（*French Historical Studies*）上的文章。《法国历史年鉴》（*Bibliographie annuelle de l'histoire de France*）（Paris，1953－　）的论述尤为详尽。

史学史

[1] W. Doyle, *Origins of the French Revolution*, 2nd edn (1988). 该研究精辟、清晰，足以取代以往的学术史研究，期待第三版的出版。

[2] R. Reichardt, 'Bevölkerung und Gesellschaft Frankreichs im 18. Jahrhundert: neue Wege und Ergebnisse der sozialhistorischen Forschung 1950—1976', *Zeitschrift für historische Forschung*, IV (1977). 极具价值的文献综述，篇幅较长，内容完备。

[3] M. Vovelle (ed.), *L'Image de la Révolution française. Communications présentées lors du Congrès Mondial pour le Bicentenaire de la Révolution Sorbonne Paris 6—12 juillet 1989*, 4 vols (1990). 关于法国大革命的包罗万象的会议论文集，收录近300 篇论文。

综合性著述

[4] T. C. W. Blanning (ed.), *The Rise and Fall of the French Revolution* (1996). 在《现代史杂志》(*Journal of Modern History*) 上首次发表的 17 篇开拓性文章，附有学术史研究综述。

[5] W. Doyle, *The Oxford History of the French Revolution* (1989). 兼具出色的叙述与分析，观点客观，虽文字审慎但值得一读。

[6] F. Furet and D. Richet, *The French Revolution* (1977). 文字生动的修正主义论述。

[7] F. Furet, *Revolutionary France 1770–1880* (1992). 偶有夸夸 72
其谈，但大体上颇有见地、鞭辟入里。

[8] Peter Jones (ed.), *The French Revolution in Social and Political Perspective* (1996). 一本非常有用的研究摘录选集，内容出自多位历史学家之手，但因完全忽视国际维度而受人诟病。

[9] C. Lucas (ed.), *Rewriting the French Revolution* (1991). 1989 年在牛津的八次讲座内容。

[10] S. Schama, *Citizens: A Chronicle of the French Revolution* (1989). 文采斐然，引人入胜，极具可读性，争议性地提出法国大革命的核心是暴力。

[11] Paul W. Schroeder, *The Transformation of European Politics 1763–1848* (1994). 该书再度将对外政策置于首要研究地位，部头虽大，但可读性极佳。对任何希望了解法国大革命的人来说，该书都是必不可少的读物。

[12] D. Sutherland, *France 1789–1815* (1985). 对反革命的论述尤佳，将反革命与革命本身放在同等地位。

马克思及马克思列宁主义诠释

[13] G. Comninel, *Rethinking the French Revolution: Marxism and*

the Revisionist Challenge (1987). 晦涩难读，但显示出旧的诠释仍有生命力。

[14] F. Furet, *Marx and the French Revolution* (1988). 对马克思的法国大革命相关著述的研究，附有马克思书写的相应文本。

[15] M. Grenon and R. Robin, ‘A propos de la polémique sur l’ancien régime et la Révolution: pour une problématique de la transition’, *La Pensée*, CLXXXVII (1976). 对诸如肖锡南－诺加雷和傅勒等修正主义者进行了富有争论性的猛烈抨击，同时也批判了索布尔。

[16] C. Jones, ‘Bourgeois Revolution Revivified: 1789 and Social Change’, in [9]. 尝试复兴非马克思主义的“资产阶级”解释，具有独创性但难以令人完全信服。

[17] G. Lefebvre, *The Coming of the French Revolution* (1947). 至今仍是该主题最好的入门读物之一。

[18] G. Lefebvre, *The French Revolution: From its Origins to 1793* (1962) 和 *The French Revolution: From 1793 to 1799* (1964). 多年前首次出版的这部通史至今仍能以内容翔实而不失可读性见长，对外交政策的解读尤为出色。

[19] G. Lefebvre, ‘The place of the Revolution in the agrarian history of France’, in R. Forster and O. Ranum (eds), *Rural Society in France* (1977). 与索布尔的见解不同，勒费弗尔认为1789年的农民在本质上是保守的。

73 [20] D. Mitrany, *Marx Against the Peasant: A Study in Social Dogmatism* (1951). 展示出马克思对农民的鄙视程度。

[21] E. Schmitt and M. Meyn, *Ursprung und Charakter der Französischen Revolution bei Marx und Engels* (1976). 对马克思和恩格斯关于法国大革命的观点进行了非常有益的论述和分析。

[22] A. Soboul, *La Civilisation et la Révolution française* (1970). 索布尔清晰地论述了自己对启蒙运动和法国大革命的观点。

[23] A. Soboul, 'Classes and class struggles during the French Revolution', *Science and Society*, 17 (1953). 对索布尔早期观点的实用总结。

[24] A. Soboul, *The French Revolution 1787–1799: From the storming of the Bastille to Napoleon* (1974). 索布尔用英语写的极为通俗易懂的作品，但被他后来的作品所取代。

[25] A. Soboul, 'L'historiographie classique de la Révolution française', *Historical Reflections—Réflexions historiques*, I (1974). 或许是索布尔对修正主义者的回应中最值得深思的内容。

[26] A. Soboul, 'Problèmes théoriques de l'histoire de la Révolution française', *La Nouvelle Critique*, XLIII (1971).

[27] A. Soboul, 'Sur l'article de Michel Grenon et Régine Robin', *La Pensée*, CLXXXVII (1976). 批判了一种马克思主义的但含有"渐进主义"(gradualist)的革命观。

[28] A. Soboul, 'Sur le mouvement paysan dans la Révolution française', *La Pensée*, CLXVIII (1973). 总结并推崇阿纳托利·阿多的观点。

[29] V. P. Volguine, 'L'idéologie révolutionnaire en France au XVIIIe siècle: ses contradictions et son évolution', *La Pensée*, LXXXVI (1959). 犀利地表达了一位苏联历史学家的观点。

修正主义批评

[30] G. Chaussinand-Nogaret, 'Aux origines de la Révolution: noblesse et bourgeoisie', *Annales. Économies, Sociétés, Civilisations*, XXX (1975). 对马克思主义正统学说最猛烈的抨击之一。

[31] A. Cobban, *The Social Interpretation of the French Revolution* (1964). 1962 年怀尔斯 (Wiles) 讲座讲稿，修正主义者最重要的宣言。

[32] E. Eisenstein, 'Who Intervened in 1788?', *American Historical Review*, LXXI (1965). 提出一个重要的观点。

[33] W. Doyle, 'Was there an aristocratic reaction in pre-revolutionary France?', *Past and Present*, LVII (1972). 一篇非常重要的文章，认为法国并未出现贵族的反动，文字令人信服。

[34] G. Ellis, 'The "Marxist Interpretation" of the French Revolution', *English Historical Review*, XCIII (1978). 精辟而富有成效的批评。

74 [35] F. Furet, *Interpreting the French Revolution* (1981). 该文集收录了他对索布尔的著名抨击，标志着后修正主义研究的开端。

[36] C. Lucas, 'Nobles, bourgeois and the origins of the French Revolution', *Past and Present*, LX (1973). 事实证明至今仍是最具影响力的修正主义批评文章之一。

[37] E. Schmitt, 'Einleitung' to his anthology *Die Französische Revolution* (1977).

[38] G. V. Taylor, 'The bourgeoisie at the beginning of and during the French Revolution', in Eberhard Schmitt and Rolf Reichardt (eds), *Die Französische Revolution—zufälliges oder notwendiges Ereignis?* (1983). 认为大革命源于政治危机和社会经济危机的同时发生。

[39] G. V. Taylor, 'Noncapitalist wealth and the origins of the French Revolution', *American Historical Review*, LXXXII (1967). 一篇非常重要的文章，认为在旧制度时期的法国，贵族和资产阶级的联合多于两者之间的嫌隙。

[40] G. V. Taylor, 'Types of capitalism in eighteenth-century France', *English Historical Review*, LXXIX (1964).

[41] G. V. Taylor, 'Bourgeoisie', in Samuel F. Scott and Barry Rothaus (eds), *Historical Dictionary of the French Revolution*

1789–1799, vol. I (1984). 对“资产阶级”多种可能的定义进行了有助益的讨论。

另见 [145 (b), (c), (d)]。

旧制度

[另见威廉·多伊尔《何谓旧制度》(*The Ancien Régime*) 中的推荐书目。]

经济与社会

[42] A. Ado, *Krest'yanskoe dvizhenie vo Frantsii vo vremya velikoy burzhiaznoy revoliutsii kontsa XVIII veka* (1971). 一部富有想象力的、关于农民革命的马克思列宁主义著作，对索布尔和他的学生产生了深远的影响。

[43] A. Ado, 'Krest' yanskie vosstaniya i likvidatsiya feodal'nykh povinostey vo vremya frantsuzkhoy burzhuanznoy revoliutsii kontsa XVIII v.', in M. Kossok (ed.), *Studien über die Revolution*, 2nd edn (1971). 一篇较易入手的短文，而他的主要著作则颇难寻得。

[44] A. Ado, 'Le mouvement paysan et le problème de l'égalité (1789–1794)' in A. Soboul (ed.), *Contributions à l'histoire paysanne de la Revolution française* (1977). 很遗憾，不适于 75
不懂俄文的人读，并不是 [42] 的译文。

[45] F. Aftalion, *The French Revolution: An Economic Interpretation* (1990). 出色地探讨了法国旧制度与大革命时期的财政问题。

[46] C. B. A. Behrens, 'Government and Society', in E. Rich and C. Wilson (eds), *The Cambridge Economic History of Europe*,

vol. V (1997). 一篇精辟且涉及面较广的文章，将法国置于欧洲的大背景下讨论。

[47] C. B. A. Behrens, 'Nobles, Privileges and Taxes at the end of the Ancien Régime', *Economic History Review*, XV (1962–1963). 辩称尽管有正式豁免权，法国贵族还是要纳税。

[48] L. Bergeron, 'L'économie française sous le feu de la Révolution politique et sociale', in P. Léon (ed.), *Histoire économique et sociale du monde*, vol. III: *Inerties et révolutions* (1730–1840) (1978).

[49] David Bien, 'La réaction aristocratique: l'exemple de l'armée', *Annales. Économies, Sociétés, Civilisations*, XXIX, 1 (1974). 内容比书名显示的要广泛得多，讲述了在旧制度时期的法国成为贵族是多么容易。

[50] M. Bloch, 'La lutte pour l'individualisme agraire dans la France du XVIIIe siècle', *Annales. Économies, Sociétés, Civilisations*, II (1930). 对于理解 18 世纪法国农业的变化为何如此之小，仍然非常重要。

[51] F. Braudel and E. Labrousse (eds), *Histoire économique et sociale de la France*, vol. II: *Des derniers temps de l'âge seigneurial aux préludes de l'âge industriel (1660–1789)* (1970).

[52] G. Chaussinand-Nogaret, *The French Nobility in the Eighteenth Century* (1985). 一部真知灼见与争议焦点并存的精彩论著。

[53] N. F. R. Crafts, 'Macroinventions, economic growth and "industrial revolution" in Britain and France', *Economic History Review*, XLVIII, 3 (1995). 认为英国在 18 世纪的实际经济增长率并没有明显提高，但承认法国的增长潜力相对较低。

[54] F. Crouzet, 'England and France in the eighteenth century: A comparative analysis of two economic growths', in R. M. Hartwell (ed.), *The Causes of the Industrial Revolution in*

England (1967). 表明法国在 1789 年的工业化进程中并没有像人们一直认为的那样远远落后于英国。

[55] C. Dipper, 'Die Bauern in der Französischen Revolution', *Geschichte und Gesellschaft*, VII (1981). 一篇非常有用的文献综述。

[56] W. Doyle, *The Ancien Régime* (1986). 文字简洁有力，特别是对旧制度史学史的研究令人信服。

[57] W. Doyle, *The Old European Order* (1978). 出色的综合性研究，以欧洲的视角看法国。

[58] J. Dupâquier, *La population française au XVIIe et XVIIIe siècle* (1979). 对该时期有关法国人口的零散证据做了权威梳理。

[59] R. Forster, 'The middle classes in eighteenth-century 76
western Europe', in J. Schneider (ed.), *Wirtschaftskräfte und Wirtschaftswege: Festschrift für Hermann Kellenbenz*, vol. III (1978). 探讨了对当时的人来说"资产阶级"意味着什么，开卷有益。

[60] M. Garden, 'Un procès: la "révolution agricole" en France', in P. Léon (ed.), *Histoire économique et sociale du monde*, vol. III: *Inerties et révolutions (1730–1840)* (1978). 展示了 18 世纪法国农业变革的有限性。

[61] P. Goubert, *The Ancien Régime*, 2 vols (1962, 1973). 第一卷已有英译本问世。对旧制度社会和经济层面的讨论尤为出色。

[62] G. van den Heuvel, *Grundprobleme der französischen Bauernschaft 1730–1794* (1982). 简短但精辟的有用概述。

[63] E. Hinrichs, E Schmitt and R. Vierhaus (eds), *Vom Ancien Régime zur französischen Revolution. Forschungen und Perspektive* (1978). 一本极为有价值的会议论文集。

[64] O. Hufton, *The Poor of Eighteenth-Century France* (1974). 一部社会史杰作。

[65] O. Hufton, 'The seigneur and the rural community in eighteenth-century France. The seigneurial reaction: A reappraisal', *Transactions of the Royal Historical Society*, 5th series, XXIX (1979). 论证了封建领主制度曾有其积极的一面。

[66] V. Hunecke, 'Antikapitalistische Strömungen in der französischen Revolution', *Geschichte und Gesellschaft*, IV (1978). 深刻但不易阅读，关于农民的论述尤为出彩。

[67] E. Le Roy Ladurie, 'Révoltes et contestations rurales en France de 1675 à 1788', *Annales. Économies, Sociétés, Civilisations*, XXIX (1974). 一篇极有价值的书评，讨论了圣雅各布（Saint-Jacob）、普瓦特里诺（Poitrineau）、梅耶尔（Meyer）等人的专著。

[68] D. Landes, 'What room for accident?: Explaining big changes by small events', *Economic History Review*, XLVII (1996). 分析了法国的落后状况。

[69] P. Mathias, 'Concepts of Revolution in England and France in the eighteenth century', *Studies in Eighteenth-Century Culture*, XIV (1975). 对英国与法国两国的财政制度进行了富有启发性的比较。

[70] W. M. Reddy, *The Rise of Market Culture: The Textile Trade and French Society 1750–1900* (1984). 一项重大研究，内容比书名显示的要广得多。

[71] M. Sonenscher, *Work and Wages: Natural Law, Politics and the Eighteenth-Century French Trades* (1989). 从一个具有高度独创性的角度出发，为旧制度社会研究提供了各种新的切入点。

[72] D. R. Weir, 'Les crises économiques et les origines de la Révolution française', *Annales. Économies, Sociétés, Civilisations*, XLVI, 4 (1991). 认为 1789 年以前人口增长的负面影响被夸大了，而且 1788—1789 年的危机并非不可避免。

政府与政治

77

[73] M. Antoine, *Louis XV* (Paris, 1989). 知识宝库，值得一读，内容相对于主题过于宽泛，对高等法院的批评过于严厉。

[74] C. B. A. Behrens, *Society, Government and the Enlightenment: The Experiences of Eighteenth-century France and Prussia* (1985). 对两个截然不同的国家进行的颇具启发性的比较研究。

[75] T. C. W. Blanning, 'Louis XV and the decline of the French monarchy', *History Review*, 22 (1995). 认为外交上的失败加之"淫秽的丑闻"使得君主制失去了合法性。

[76] J. F. Bosher, *French Finances 1775–1795: From Business to Bureaucracy* (1970). 认为君主制的财政问题并非源自税收豁免。

[77] J. S. Bromley, 'The Decline of Absolute Monarchy', in J. Wallace-Hadrill and J. McManners (eds), *France: Government and Society*, 2nd edn (1970). 一篇引人入胜的文章，强调高等法院对体制稳定的破坏作用。

[78] J. Collins, *The State in Early Modern France* (1995). 最佳导读。

[79] J. Delmas (ed.), *De 1715 à 1871*, in André Corvisier (ed.), *Histoire militaire de la France*, vol. II (1992). 该卷的撰稿人展示了军事事务在其最广泛意义上是多么的重要，并表明历史学家忽视了这一重要性并自尝苦果。该书也涉及大革命时期。

[80] W. Doyle, *Venality: The Sale of Offices in Eighteenth-Century France* (1996). 一项非常重要且具独创性的研究，显示了大革命前法国中央的腐败。

[81] W. Doyle, 'The parlements of France and the breakdown of the old régime, 1771–1788', *French Historical Studies*, 13 (1970). 有说服力地辩称，莫普的改革实质上是一种意在除

掉舒瓦瑟尔的政治策略。

[82] W. Doyle, 'The Parlements', in K. M. Baker (ed.), *The French Revolution and the Creation of Modern Political Culture*, vol. II: *The Political Culture of the French Revolution*, ed. C. Lucas (1988).

[83] D. Echeverria, *The Maupeou Revolution: A Study in the History of Libertarianism, France, 1770–1774* (1985).

[84] J. Hardman, *Louis XVI* (1993). 上乘的传记作品，涉及宫廷政治方面的书写尤为出色。

[85] Sarah Maza, 'The diamond necklace affair revisited (1785–1786): The case of the missing queen', in Lynn Hunt (ed.), *Eroticism and the Body Politic* (1991). 旧制度末期的大丑闻，不止歌德一人认为这是大革命的起因。

[86] M. Price, *Preserving the Monarchy: The Comte de Vergennes, 1774–1787* (1995). 对宫廷骄奢淫靡及其对君主制不稳定的促成作用进行了出色而详细的叙述。

78 [87] J. Swann, *Politics and the Parlement of Paris under Louis XV, 1754 –1774* (1996). 是所有语言的著述中探讨高等法院反对路易十五的最佳书籍，清晰，有力，考察到位。

[88] D. K. Van Kley, *The Damiens Affair and the Unravelling of the Ancien Régime* (1984).

[89] D. Van Kley, 'The church, state and the ideological origins of the French Revolution', *Journal of Modern History*, 51/4 (1979), reprinted in [4]. 强调詹森主义和高等法院起的作用。

[90] J. de Viguerie, 'Le roi et Ie "public". L'exemple de Louis XV', *Revue historique*, 563 (1987). 一篇揭露路易十五如何失去对宫廷控制的文章。

[91] E. Weber, 'Das Sacre Ludwigs XVI. vom 11. Juni 1775 und die Krise des Ancien Régime', in E. Hinrichs, E. Schmitt and R. Vierhaus (eds), *Vom Ancien Régime zur französischen*

Revolution. Forschungen und Ergebnisse (1978). 展示出路易十六的王权观念有多么过时。

启蒙运动

[92] L. Althusser, *Montesquieu, Rousseau, Marx: Politics and History* (1982). 非正统且引人入胜的马克思主义分析。

[93] K. M. Baker, 'French political thought at the accession of Louis XVI', *Journal of Modern History*, 50/2 (1978), pp. 279–303. And reprinted in [4]. 以一种有趣的方式对 [91] 作了补充。

[94] K. M. Baker, 'On the problem of the ideological origins of the French Revolution', in K. M. Baker, *Inventing the French Revolution* (1990).

[95] J. R. Censer, *The French Press in the Age of Enlightenment* (1994). 有助于理解发行量的上升和读者群的性质。这也表明，保王党的言论比许多人想象的要多。

[96] R. Chartier, *The Cultural Origins of the French Revolution* (1991). 有说服力且论述清晰。

[97] R. Darnton, *The Business of Enlightenment: A Publishing History of the Encyclopédie 1775–1800* (1979). 一部篇幅较长、专业性较强的著作，但最后五十页则关注一般性的主题。

[98] R. Darnton, 'In search of Enlightenment: Recent attempts to create a social history of ideas', *Journal of Modern History*, 43 (1971).

[99] R. Darnton, *The Great Cat Massacre and Other Episodes in French Cultural History* (1985). 一部能够带给读者意外收获的作品。

[100] R. Darnton, 'An Enlightened Revolution?', *The New York*

Review of Books, 24 October 1991. 对贝克（Baker）和沙尔捷（Chartier）的著作的述评。

[101] R. Darnton, *The Forbidden Best-Sellers of Pre-Revolutionary France* (1996). 为色情文学的重要性做出了辩解。

79 [102] R. Darnton, 'The high enlightenment and the low life of literature in pre-revolutionary France', *Past and Present*, 51 (1971). 该书研究了法国大革命前激进的低级趣味报刊，富有影响力并具有启发性。

[103] R. Darnton, 'Reading, writing and publishing in eighteenth-century France: A case-study in the sociology of literature', *Daedalus*, 100 (1971).

[104] E. Eisenstein, *Grub Street Abroad: Aspects of the French Cosmopolitan Press from the Age of Louis XV to the French Revolution* (1992). 她认为，从较为宽泛的视角来看，所谓"上层启蒙运动"和"格拉布街"之间的鸿沟是极为夸大的说法。

[105] P. Gay, *The Enlightenment: An Interpretation*, vol. 1: *The Rise of Modern Paganism* (1967), vol. 2: *The Science of Freedom* (1969). 对启蒙运动文雅又冗长的辉格派论述。

[106] P. Gay, *Voltaire's Politics* (n. d.). 盖伊最好的著作，把伏尔泰政治思想的发展与其对特定事件的反应联系起来。

[107] P. Gay, 'Why was the Enlightenment?', in Peter Gay (ed.), *Eighteenth-Century Studies* (1975). 严厉地批判了对启蒙运动的马克思主义诠释。

[108] D. Goodman, 'Enlightenment salons: The convergence of female and philosophic ambitions', *Eighteenth-Century Studies*, 22, 3 (1989). 也许夸大了沙龙的重要性，但不失为一个好的观点。

[109] D. Goodman, *The Republic of Letters: A Cultural History of the French Enlightenment* (1994). 关于社会背景的论述十分出色，尤其强调妇女所起的关键作用，且严厉地批评了达恩顿。

[110] N. Hampson, ‘Grub Street Revolutionaries’, *The New York Review of Books*, 7 October 1982. 抨击达恩顿。

[111] N. Hampson, ‘The Enlightenment in France’, in R. Porter (ed.), *The Enlightenment in National Context* (1981). 一篇关于英法两国比较的文章，见解独到，令人信服。

[112] R. Koselleck, *Critique and Crisis: Enlightenment and the Pathogenesis of Modern Society* (1987). 正如书名所示，对多数读者来说都很艰深，但值得一读。

[113] J. Lough, *The Contributors to the Encyclopédie* (1973). 展现出法国社会各阶层都参与其中。

[114] J. Lough, *An Introduction to Eighteenth-century France* (1960). 探讨法国大革命以前文化和社会的最佳书籍之一，但遭到不公正的忽视。

[115] J. Lough, *The Encyclopédie* (1971). 关于法国启蒙运动最重要的出版物的有用指南。

[116] J. Lough, ‘The French literary underground reconsidered’, *Studies on Voltaire and the Eighteenth Century*, 326 (1995). 该文认为，关于法国大革命的“格拉布街”式诠释，余下的研究空间已然不多。

[117] D. Mornet, *La Pensée francaise au XVIIIe siècle* (1969). 包 *80*
含一篇对作者这部关于大革命思想起源的代表作的实用总结。

[118] D. Outram, *The Enlightenment* (1995). 精彩生动的导读。

[119] R. Wokler, ‘The Enlightenment and the French revolutionary birth pangs of modernity’, in *Sociology of the Sciences Yearbook*, vol. 20 (1996). 认为大革命不是启蒙运动的高潮，而是它的结束。

[120] R. Wokler, *Rousseau* (1995). 这是一部对18世纪最重要的政治理论家卢梭的最佳导读，他的思想在后世的影响逐渐增强。

新政治文化

[121] K. M. Baker, 'Defining the public sphere in eighteenth-century France: Variations on a theme by Habermas', in Craig Calhoun(ed.), *Habermas and the Public Sphere* (1992).

[122] K. M. Baker, 'Public opinion as political invention', in K. M. Baker, *Inventing the French Revolution* (1900). 叙述复杂巧妙且具有说服力。

[123] D. Bien, 'François Furet, the Terror, and 1789', *French Historical Studies*, 16 (1990). 分析傅勒对恐怖时期解读的演变。

[124] T. E. Crow, *Painters and Public Life in Eighteenth-Century Paris* (1985). 对视觉艺术中“公共领域”的形成做了引人入胜的描述。

[125] A. Farge, *Subversive Words: Public Opinion in Eighteenth-Century France* (1994). 缺乏连贯性，但包含许多有趣的史料。

[126] J. Habermas, *The Structural Transformation of the Public Sphere: An Inquiry into a Category of Bourgeois Society* (1989). 是作者最重要的理论贡献，但是德国人惯于让相对简单的思想看起来非常复杂，此为一大缺陷。

[127] C. Lucas (ed.), *The Political Culture of the French Revolution* (1988). 质量不一的会议论文集，但导言非常有用。

[128] S. Maza, *Private Lives and Public Affairs: The Causes Célèbres of Pre-Revolutionary France* (1993). 表明并非所有破坏旧制度的文学作品都来自低级趣味的报刊。

[129] B. Nathans, 'Habermas's "Public sphere" in the era of the French Revolution', *French Historical Studies*, 16, 3 (1990). 对哈贝马斯的有益论述和批判。

[130] M. Ozouf, 'Public opinion at the end of the old regime', *Journal of Modern History*, 60 (Supplement, September 1988), reprinted in [4].

[131] Q. Skinner, *The Foundations of Modern Political Thought*, 2 vols (1978). 现代经典。 81

[132] D. Sutherland, 'An assessment of the writings of François Furet', *French Historical Studies*, 16 (1990). 入门的佳作。

[133] L. A. White, 'Culturology', *International Encyclopedia of the Social Sciences*, ed. David L. Sills, vol. III (1968). 从人类学角度对文化作了精当界定。

[134] R. Williams, *Culture and Society 1780–1950* (1958).

另见 [7], [35] 和 [148]。

最后的危机

[135] J. Égret, *The French Pre-revolution* (1977). 对所有研究 18 世纪 80 年代末政治危机的人来说，该著述都是绕不开的起点。

[136] S. F. Scott, *The Response of the Royal Army to the French Revolution: The Role and Development of the Line Army 1787–1793* (1978). 对于理解旧制度为何垮台非常重要。

[137] G. V. Taylor, 'Revolutionary and nonrevolutionary content in the *cahiers* of 1789: An interim report', *French Historical Studies*, 7 (1972). 有说服力地争辩说革命产生了革命者，而非相反。

[138] M. Vovelle, *The Fall of the French Monarchy 1787–1792* (1983). 为法国大革命本质上是资产阶级革命的说法做了辩护，论述有深度，但不总是一目了然。

[139] D. Wick, 'The court nobility and the French Revolution: The example of the Society of Thirty', *Eighteenth-Century Studies*, 13 (1980). 显示了革命领导者的崇高品格。

大革命

[140] J.-P. Bertaud, *The Army of the French Revolution: From Citizen-Soldiers to Instruments of Power* (1988). 充满有趣和令人惊奇的信息。

[141] T. C. W. Blanning, 'The French Revolution and Europe', in [9]. 把法国大革命置于欧洲的背景下探讨。

[142] T. C. W. Blanning, *The Origins of the French Revolutionary Wars* (1986). 考察了 18 世纪 90 年代革命战争的起源，认为意识形态的差异没起多大作用。

[143] T. C. W. Blanning, *The French Revolutionary Wars 1787–1802* (1996). 认为战争和革命的关系从一开始就盘根错节。

82 [144] H. Blömeke, *Revolutionsregierung und Volksbewegung (1793–1794). Die 'Terreur' im Departement Seine-et-Marne (Frankreich)* (1989). 具有重要普遍意义的优秀区域性研究。

[145] A. Cobban, *Aspects of the French Revolution* (1968). 论文集，特别见（a）"启蒙运动与法国大革命"，(b）"法国大革命的神话"，(c）"法国大革命的政治与社会解释"，以及（d）"法国大革命：正统与非正统解释"。

[146] F. Crouzet, 'Wars, blockade and economic change in Europe 1792–1815', *Journal of Economic History*, XXIV (1964). 应同 [54] 一起阅读。

[147] A. Forrest, *Society and Politics in Revolutionary Bordeaux* (1975). 最好的区域性研究之一。

[148] F. Furet, 'Terror', in François Furet and Mona Ozouf (eds), *A Critical Dictionary of the French Revolution* (1989). 认为恐怖统治从一开始就不可避免。

[149] Hugh Gough, *The Newspaper Press in the French Revolution* (1988). 对革命政治文化中一个非常重要维度的有价值的研究。

[150] N. Hampson, *The Terror in the French Revolution* (1981). 精辟的小册子。

[151] P. Higonnet, *Class, Ideology and the Rights of Nobles during the French Revolution* (1981). 不落窠臼，引人入胜。

[152] O. Hufton, 'Women in Revolution, 1789—1796', *Past and Present*, 53 (1971).

[153] O. Hufton, *Women and the limits of Citizenship in the French Revolution* (1992). 除却其他因素，还显示了妇女在反革命中的参与程度。

[154] L. Hunt, *Politics, Culture and Class in the French Revolution* (1986). 这不是一本易读的书，但通篇具有启发性，是后修正主义最好的研究之一。

[155] L. Hunt, 'Foreword' to Mona Ozouf, *Festivals and the French Revolution* (1988). 对奥祖夫这一重要长篇著作的实用总结。

[156] L. Hunt (ed.), *The Invention of Pornography: Obscenity and the Origins of Modernity, 1500—1800* (1993). 亨特那篇关于色情文学和法国大革命的文章，虽然夸大其词但很重要。

[157] P. Jones, *The Peasantry in the French Revolution* (1988). 对一个非常容易受忽视的话题的有价值的研究。

[158] E. Kennedy, *A Cultural History of the French Revolution* (1989). 非常有用。

[159] J. B. Landes, *Women and the Public Sphere in the Age of the French Revolution* (1988). 提出妇女成为大革命输家的观点，颇具说服力。

[160] C. Langlois and T. Tackett, 'A l'épreuve de la Révolution *83*
(1770—1830)', in F. Lebrun (ed.), *Histoire des catholiques en France du XVe siècle à nos jours* (1980). 最好的现代论述。

[161] G. Lewis, *The French Revolution: Rethinking the Debate* (1993). 对修正主义的生动批评，提出了一些棘手的问题。

[162] G. Lewis, *The Second Vendee: The Continuity of Counter-*

revolution in the Department of the Gard 1789–1815 (1978). 对东南部反革命运动的引人入胜的叙述。

[163] M. Lyons, *France under the Directory* (1975). 按主题进行组织，揭示了一个被忽视时期中许多被忽视的方面。

[164] J. McManners, *The French Revolution and the Church* (1969). 关于这一具有重要地位的关系的简明研究，但对法语读者来说已被 [160] 所取代。

[165] J. Markoff, 'Peasant grievances and peasant insurrection: France in 1789', *Journal of Modern History*, 62/3 (1990) and reprinted in [4]. 富有原创性和说服力。

[166] M. Ozouf, 'War and terror in French revolutionary discourse (1792–1794)', *Journal of Modern History*, 56/4 (1984), reprinted in [4].

[167] B. M. Shapiro, *Revolutionary Justice in Paris, 1789–1790* (1993). 认为大革命确实处于自由多元主义阶段。

[168] A. Sorel, *Europe and the French Revolution* (1969). 名副其实的经典著作，一个多世纪前首次出版，至今仍然值得一读，特别是因为它强调外交政策的首要地位。

[169] D. Woronoff, *The Thermidorian Regime and the Directory 1794–1799* (1984). 内容大多按时间顺序组织，出色地补充了 [163]。

大革命之后

[170] L. Bergeron, *France under Napoleon* (1981). 对拿破仑帝国国内情况的出色描述。

[171] M. G. Broers, *Europe under Napoleon* (1996). 出色的现代研究，包含许多不常见的材料。

[172] R. E. Cameron, 'Economic growth and stagnation in France 1815–1914', in B. Supple (ed.), *The Experience of Economic*

Growth (1963). 对 19 世纪阻碍法国工业化的问题的审视。

[173] R. E. Cameron, ‘A new view of European industrialisation’, *Economic History Review*, 2nd series, XXXVIII (1985). 认为法国走向工业化的道路——一个漫长而缓慢的过程——对欧洲来说是正常的。

[174] F. Crouzet; ‘Les conséquences économiques de la Révolution’, *Annales. Économies, Sociétés, Civilisations*, XXXIV (1962). 阐明了大革命对法国经济的不利影响。

[175] G. Ellis, *The Napoleonic Empire* (1990). 简洁、精辟、全面、易读的最佳导读。 84

[176] C. J. Esdaile, *The Wars of Napoleon* (1995). 一部关注内容较广的出色论著。

[177] R. Forster, ‘The French Revolution and the new elite 1800–50’ in J. Pelenski (ed.), *The American and French Revolutions* (1980). 强调传统法国精英阶层的延续性。

[178] D. R. Leet and J. A. Shaw, ‘French economic stagnation 1700–1960’, *Journal of Interdisciplinary History*, XCIII (1977/8). 认为法国不应该得一个经济落后的名声。

[179] M. Lévy-Leboyer and F. Bourguigon, *The French Economy in the Nineteenth Century* (1990).

[180] R. Magraw, *France 1815–1914: The Bourgeois Century* (1983).

[181] P. K. O'Brien and C. Keyder, *Economic Growth in Britain and France 1780–1914* (1978). 除其他内容外，还显示了大革命导致法国农业结构发展滞后。

[182] P. K. O'Brien, ‘Path dependency, or why Britain became an industrialised and urbanised economy long before France’, *Economic History Review*, XLIX, 2 (1996). 着眼长远，重点放在农业、地理制约和产权方面。

[183] P. M. Pilbeam, *The Middle Classes in Europe: France, Germany, Italy and Russia* (1990). 一流的综合研究。

[184] R. Price, *The Economic Modernisation of France* (1975). 该研究通篇信息量大，引人入胜，反复强调了交通的重要性。

[185] R. Tombs, *France 1814–1914* (1996). 所有语言中关于革命后法国的最佳书籍。

[186] C. Trebilcock, *The Industrialisation of the Continental Powers 1780–1914* (1981). 出色的研究，尤其擅长解释和套用各种工业化模式。

[187] J. Tulard, *Napoleon: The Myth of the Saviour* (1984). 极好的现代研究，每一章节都对文献和当时的争论进行了有益的评述。

[188] Eugen Weber, *Peasants into Frenchmen: The Modernisation of Rural France* (1977). 一部精彩的著作，展示了除其他事物外，在 19 世纪末有多少旧制度残余幸存下来。

索 引

（索引页码为英文版页码，即本书边码） 85

absolutism 绝对主义：31—3，48
Ado 阿多：64，66—7
agriculture 农业：6，11—2，21，49—50，63，66—7
Aiguillon 艾吉永：32，45
Althusser 阿尔都塞：16
American War of Independence 美国独立战争：5，42—3
Argenson 阿尔让松：30—1
aristocracy 贵族：43
aristocratic reaction 贵族的反动：2，14
army 军队：14，19，42，47—8，50—1，53—4
Artois 阿图瓦：37，53，56
assignats 指券：57
Austria 奥地利：30，35—6，41—2，56，59，62

Baker 贝克：7，25，33

Barry 巴利：36
Bastille 巴士底：39，50—1
Beaumarchais 博马舍：17
Besançon 贝桑松：19
Bloch 布洛赫：13
Bolsheviks 布尔什维克：7
Bonaparte 波拿巴：3，6，61，63，67—8
Bonapartism 波拿巴主义：69
Bordeaux 波尔多：10，13，58
bourgeoisie 资产阶级：1—7，9，12—3，15，17，19，48，52—3，56—7，59，62
Brienne 布里耶纳：44
Brissot 布里索：39，59—60
Brittany 布列塔尼：32，58
Bromley 布罗姆利：31
Brumaire 雾月：60
Buffon 布丰：18，20
Burke 柏克：23，39

cahiers de doléances 陈情书：45—6，50—1
Calas 卡拉斯：21
Calonne 卡洛纳：43—4
Capitalism 资本主义：2，4，9，13，16，19，26，52，57，63—4，67—8
Carcassonne 卡尔卡松：58
Caribbean 加勒比海地区：10
censorship 审查制度：38—9
Chateaubriand 夏多布里昂：2

Chaussinand-Nogaret 肖锡南－诺加雷：17，20
Cherbourg 瑟堡：35
Choiseul 舒瓦瑟尔：33
church 教会：6，14，19，21，30—1，44
clergy 神职人员：2，19
Cobban 科班：1—2
commerce 商业：6，9—10，13，16，41，50，53，58，63
communications 交通：12，63，67
Condorcet 孔多塞：18，45，54
counter-revolution 反革命：3，52，54，66
court 宫廷：14，27，35—7，59
Committee of Public Safety 救国委员会：3
Crimea 克里米亚：42
Crouzet 克鲁泽：63
Crowd, *see* masses 群众，见“大众”词条

D'Alembert 达朗贝尔：20，25，29
Darnton 达恩顿：19，22，37，38
Declaration of the Rights of Man and Citizen《人权和公民权宣言》：3，51，53
Derrida 德里达：26
Despotism, *see* absolutism 专制主义，见“绝对主义”词条
Diderot 狄德罗：20，37—9
Dipper 迪佩尔：65
Doyle 多伊尔：6，31
Dumouriez 迪穆里埃：54
Dutch Republic 荷兰共和国：42，44

Estates General 三级会议：5，17，43，45，47—8，50
Echeverria 埃切维里亚：33
Eden Treaty《伊登条约》：50
education 教育：22
Égret 埃格雷：44
emigration 移居：53，67
England, *see* Great Britain 英国，见“大不列颠”词条
Enlightenment 启蒙运动：4，17—23，38—9

feudalism 封建主义：2—3，16，56，64—7
Fifth Republic 法兰西第五共和国：69
finance 财政：4，10，17，35，43—4，51
foreign policy 外交政策：14，40—2，59
Forster 福斯特：13，67—8
Frederick the Great 腓特烈大帝：33，41—2
freemasonry 共济会：19
Fructidor 果月：60
Furet 傅勒：7，8，52，54—5，59

Garden 加登：67
Gay 盖伊：19—20
Geertz 格尔茨：26
gender 性别：60—1
Goldmann 戈尔德曼：18
Great Britain 大不列颠：4，6，9，11，14，27，30，41—2，48，
50，55—6，58，62—4
Great Fear 大恐慌：50，56
Guibert 吉贝尔：47

Habermas 哈贝马斯：26—7，29
Hampson 汉普森：39，59
Hegel 黑格尔：8
Herder 赫尔德：24
Holbach 霍尔巴赫：23
Hunt 亨特：7，59，68

Industrialisation 工业化：6，9—11，58—9，63，69

Jacobins 雅各宾派：45，47
Jansenism 詹森主义：30—2
Joseph II 约瑟夫二世：34，41

Lafayette 拉法耶特：45，47
Lamballe 朗巴勒：37
Lameth 拉梅特：45，47
Lavoisier 拉瓦锡：18
Le Chapelier 勒霞不列：53
Le Havre 勒阿弗尔：10
Le Mans 勒芒：58
Lefebvre 勒费弗尔：1—2，15，62，64
Lenin 列宁：7，18，65，68
Lille 里尔：19
literacy 识字率：6，26，28
Lough 洛：39
Louis XIV 路易十四：14，27，30—1，34—6，40
Louis XV 路易十五：6，14，26，31—41，43，50
Louis XVI 路易十六：6，14，26，33—41，43，50

Lyon 里昂：9，58

Mably 马布利：18
Malesherbes 马勒泽布：39
Mallet du Pan 马莱・迪庞：48
Marat 马拉：39
Marie Antoinette 玛丽・安托瓦内特：6，34，36—7，41，44
Marseille 马赛：58
Marx and Marxist interpretations 马克思与马克思主义诠释：2，6—8，13，15—6，18，25，27，52，54，62，64，65—6，68
masses 大众：5，23，48，51
Maupeou 莫普：32—4
Maurepas 莫尔帕：34，36
Maza 马扎：38
Mercier 梅西耶：27，30
Mirabeau 米拉波：18，45，47
Modernisation 现代化：6，12
Montesquieu 孟德斯鸠：18，20，22，37，39
Morellet 莫雷莱：39

Nantes 南特：10
National Assembly 国民议会：5，40，52—4，56
nationalism 民族主义：31
newspapers 报纸：26
National Guard 国民自卫军：51
Noailles 诺瓦耶：45，47
nobility 贵族：2，4—5，13—4，17，21，44—8，53—4
notables 显贵：4—6，67—8

old regime 旧制度：21
Ozouf 奥祖夫：7

paranoia 阴谋论：23，56
Paris 巴黎：9，19，28，32—5，48，50，58
parlements 高等法院：19，30，31—4，44，48
pauperisation 贫困化：49—50
peasants 农民：3，6，49，64，65，66，67
periodicals 杂志：27
philosophes 启蒙思想家：18—9，21—3，38—9，43
Poland 波兰：41—2
Polignac 波利尼亚克：37
political culture 政治文化：7—8，24—5，56，59—60，68—9
Pompadour 蓬帕杜夫人：39，41
population 人口：5，11，48—9，58，63，69
pornography 色情文学：36—8，43
Provence 普罗旺斯：34
Prussia 普鲁士：14，16，41，44，59
public opinion 公共舆论：23，30—1，33，39
public sphere 公共领域：23，26—9，33

Quesnay 魁奈：18，20

Raynal 雷纳尔：20
Rennes 雷恩：31
representational culture 代表性文化：27，34
Richelieu 黎塞留：36
Richet 里歇：44，54—5

Rossbach 罗斯巴赫：41
Rousseau 卢梭：20，22，25
Russia 俄罗斯：42，50，62

sans-culottes 无套裤汉：32，54
Savoy 萨伏依：56
Schama 沙玛：55—6
Ségur 塞居尔：14，42
seigneurial dues 封建税：14，65，67
Seven Years War 七年战争：30，41，47
Skinner 斯金纳：26
Soboul 索布尔：4，7，9，15—6，43，45，54，65—6，68
Society of Thirty 三十人委员会：47—8
Spain 西班牙：11，56
Sweden 瑞典：50，56

Talleyrand 塔列朗：47
Taylor 泰勒：51
Terror 恐怖统治：6，54，55，56
Thermidor 热月：3，6
Third Estate 第三等级：5，15，17，48
Third Republic 法兰西第三共和国：69
Trebilcock 特里比尔科克：62
Turgot 杜尔哥：18

'Unigenitus' "唯一圣子诏书"：30
urban crowd 城市民众：3
USSR 苏联：7

Van Kley 范克利：32
Varennes 瓦雷讷（路易十六出逃事件）：35
Versailles 凡尔赛：26—7，34—5，41，43
Voltaire 伏尔泰：16，18，21—2，33，37—9

war 战争：5，10，14，30，40，42，49，54—6，58—60，63
Williams 威廉斯：25
Woronoff 沃罗诺夫：57